JN069116

教師力を磨く

前田勝洋 著

黎明書房

プロローグ

教師としての腕を磨き、やりがいに生きる

教師は事務職とはやや趣を異にする職種です。むしろ職人に近いと言えましょうか。教師としての腕を磨くことは、試行錯誤、悪戦苦闘から逃げないことです。試行錯誤、悪戦苦闘の中に「学びの宝」があることに気づくことです。

初めからうまくいくはずがありません。先輩の知恵とワザに学びながら、一進一退の中で少しずつ明かりが見えてくるのです。

いや、先輩のやっていることがすべて範とすべきことだとは言えません。

私にとって、忘れがたい思い出があります。

私が中学校の社会科教師になったとき、若いということもあって校内の授業研究会の授業者になることをほんとうによく押し付けられました。本来はベテラン教師である先輩がやるべき研究授業を教職2年目の私に押し付けてきたのです。

その授業は3年社会科公民的分野の「選挙制度を考える」授業でした。あらかじめ先輩教師の助

言を得ながら、曲がりなりにも「指導案」を作成しました。しかし、その授業は指導案で予定された三分の一も行うことのできない、悲惨な授業として終わったのでした。

後の協議会で「前田くんは授業の見通しをどう考えていたのか」「生徒の実態とあまりにかけ離れた指導案であった」というような強い批判を、雨あられのごとく浴びせられたのでした。

協議の時間が終わって、当日、助言者としてお招きした附属中学校の田中先生のご講評になりました。

「きょうの授業は、確かに指導案から言えば、中途半端な授業であったかもしれません。しかし、私は前田先生の今日の授業は、失敗の授業とは思っていません。

生徒の問題としたことに立ち止まり、議論し、生徒に寄り添った授業であったと強く思います」

と発言されたのでした。

私は正直寄り添うほどの余裕はなく、生徒の議論にオロオロしていたに過ぎなかったのですが、田中先生は、

「前田先生が指導案通りの授業をやりたかったのなら、あらかじめ指導案を生徒に配布して『きょうの授業はこのようにやるから頼む』と生徒に言えばいい。

しかし、それは授業ではない。生徒のこだわったことを解明すべく悪戦苦闘してこそ、本物の生徒の側に立った授業である」

と言明されたのでした。

協議会に参加した先生方が、あっけに取られるほどの講評だったのです。

この協議会での田中先生のお話は、その後の私にとって大きな学びの原点になったと言ってもいいほどの体験でした。


授業でまず大切なことは、子どもたちが授業に参加することです。それは、教師をしている者にとっては否定できない、自明のことです。


ある学校で小学校3年の算数の授業を参観したときに、授業者は授業の導入で5問の計算問題を提示して、それを5分でやるようにベルタイマーをセットしました。そしてベルが鳴ったのを見計らって、教師は子どもたちに挙手を求めました。

そのとき、6名の子どもが挙手しました。それを見た授業者は、「なんだ！　たったこれだけか！」と吐き捨てるように言いました。その教師の言葉には怒りがこもっていました。

6名挙手していた子どものうち、2名の子どもは手を下ろしてしまいました。教室内には重苦しい険悪な空気が流れていました。

別の機会に同じような算数の授業に出くわしました。その教師は年輩の女性教師でした。時間がたって挙手を求めたとき、8名の子どもが挙手しました。

その女性教師は、間髪を入れずに「わあ、すごい！　うれしい、みんなのがんばりが伝わってくる」と満面の笑みで子どもたちに応えました。その後、子どもたちの挙手はバラバラと増えていき、18名の子どもたちが挙手したのでした。

その女性教師は、「ありがとう、みんながんばろうとしていてくれて、うれしい！」と子どもたちに感謝の言葉を降り注いだのでした。

私は、この一見同じような授業場面に出くわしながら、真逆の授業を参観した思いを強く持ったのでした。

自分の気持ちを相手に伝えるアイメッセージのシャワーを降り注いだ女性教師の授業の教室は、明るくさわやかな空気に包まれていました。私は参観しながら、教師のたった一言がこんなにも教室の空気を変えてしまうものかと強く思ったことでした。

子どもは「思うようにならない存在」でもあります。いつもうまくやる気になってくれるとは言いがたい存在です。そんなとき、教師は焦らないことです。いらだたないことです。

子どもたちは、いつも学びに積極的に立ち向かってくるとは言えない存在でもあります。日々の授業の中で、教師の顔つき、言葉がけの一つ一つが重なって重苦しい教室にもなり、明るくてやる気に満ちた教室にもなるということを肝に銘じるべきです。

教師と子どもたちとの生活は、「日常的」なものです。特別のものではありません。私たちは、そうした日々の授業実践にどういう姿勢で向き合うかを考えなくてはなりません。そこにこそ「教師としてのやりがい」もあるのです。

私は38年間の教師生活を終えて、さらに19年間の学校行脚の中でさまざまな出会いを体験させていただくことができました。本書では、そんな私の現職時代の仲間の実践活動や学校行脚で出会った教師たちの知恵とワザを紹介しました。

本書を手に取ってくださったみなさんの教師生活が、有意義なものになることを心から祈念します。

オット、大事なことを忘れるところでした。いや、ほんとうはこのメッセージを一番初めに書くべきでした。それは私の教師生活や人生を含めて、私自身の弱き心を支えてくれた言葉です。それをみなさんに捧げなくてはなりません。その言葉は次のような言葉です。

「学校はたのしいところであらねばならぬが、歯を食いしばり、涙をこらえてがんばるところでもある」

今どき「がんばる」などということは、みなさんに受け入れられないかもしれません。私は、学校は基本的に「たのしいところ」であるべきだと強く思っています。しかし、それは遊園地で遊ぶようなたのしさではなく、やりがいのあるたのしさであり、子どもたちの「がんばり」のあるたのしさです。

そして、やっぱり辛いことや苦しいことも多々あることでしょうが、そんな中でも「歯を食いしばり」「涙をこらえて」がんばる時と場を演出するところが「学校」であると思っています。

それは決して憂鬱で逃げ出したいような場所であってはなりません。「子どもたちと苦楽を共にする先生や地域のみなさん、お父さんお母さんに支えられた学校」なのです。

こんなことを言うと「そんな夢のような話は聴きあきた」と言われるでしょう。しかし、私の根っこの部分にドッカとある、このメッセージをみなさんに共有していただき、この本を介して、今からみなさんとじっくり語り合いたいと思います。

最後になりますが、本書を上梓するにあたり黎明書房社長の武馬久仁裕様、編集部の都築康予様には、編集の細部にわたりご助言、ご指導をいただきました。ここに謹んでお礼申し上げます。ありがとうございました。

前田勝洋

目　次

Ⅱ　「教育実践の日常化」を図る　―超かんたん公開授業をする―　27

Ⅲ　目配り、気配り、心配りのできる教師になる　55

目　次

Ⅰ　教師主導の振る舞いが子どもをやる気にさせる核心である

教育実践は、子ども主導ではありません。教師主導なのです。

教師主導と言うと「教師中心主義」的な印象を与えるかもしれませんが、あくまで教育実践での主体は子どもです。つまり子ども主体の教育実践をするためにこそ、「教師主導で行う」ということなのです。

教師が知恵を絞りワザを駆使してこそ、子どもは育つのです。

「子どもが主人公の教育実践」ということも言われますが、それは教師が「子どもを主人公にするべく知恵とワザを駆使」していくのです。そんな大前提をまずは確認しながら、今から「教師は何をしなくてはならないか」を記していきたいと思います。

1　教師は「明るい顔つき、本気の顔、本気の心」を意識的に演じる

教師とて「ただの人間」です。いつもいつも「教師を意識する」ことは不可能なことです。大事なことは「校門を入ったら、スイッチをオンにする」ことです。「さあ、きょうも一日がんばるぞ、どうぞ応援してくださいね」と自らに頼むことです。

「明るい顔つき」が第一です。子どもたちとの出会いの中で、「おはようございます。○○さん、きょうも元気で行こうね」と明るく語りかけることを演じます。

教師も人間、体調不良の朝もあります。でも子どもたちとあいさつしたり、語ったりしている中で、元気を取り戻す自分でありたいですね。

私は現職の頃、朝の歯磨きをしながら、鏡を見て自分の顔つきをわざと笑顔にしたり、怒った顔にしたりして、顔面体操をしていました。

私たちは、自分の顔を変えることはできません。しかし、「顔つき」は、誰しも変えることができます。担任である自分が教室に入っていっただけで、教室中が暗くなったり重い緊張感のある雰囲気になったりする場合は、とくに注意しなくてはなりません。

「みんな、おはようございます！」と、教室に一歩入ったときに元気よく言えるかどうかは、教

師としていかに意識的に演じられるかにかかっています。私はみなさんに、ぜひとも、そんなはじめの一歩を大事にしてほしいと願っています。

「本気の顔、本気の心」は、担任教師として芯が通っていることです。「本気」と言うのは、「今、先生はみんなに真剣に向き合っている」という気持ちです。それを以心伝心で伝わるように表現することです。

私は難しいことを言っているのではありません。ただ、真心のこもった自分を意識するのです。教師の立場から言えば、子どもたちはまだまだ幼い存在です。しかし、教師は子どもにとって親についで出会う大人です。

親についで出会う重要な大人ですから、どんなことがあっても、子どもたちに伝えたい、わからせたいと思うとき、本気の顔、本気の心になることを「演じる」ことができる自分である必要があります。

子どもの側に立てば、「ああ、今、先生は本気なんだ！」ということが以心伝心で伝わることです。

「ありがとうね、あなたのお陰でちゃんとやれたから先生はとてもうれしいよ」

「この頃みんながゴミを落とさない人になったなと思って、先生はみんなの成長に学びたいと思っています」

そんなときの先生の顔つきを見ながら、子どもたちは「先生は本気なんだ！」と学んでいくのです。

2 教師はピッチャーになるより名キャッチャーになる

私は若い頃、教師としていかに「巧みに話す（説明する）」ことができるか、そのことを一番自分が磨かなくてはいけないことだと思っていました。

新任教師として中学校に勤務しているときは、「いかに上手に話したり説明したりすることができるか」が、教師の本分であると疑わなかったのです。それが小学校勤務になったときに、「それでは片手落ち」もいいところだと思うようになりました。

授業中、小学生は中学生と比べて「おとなしく聴いている」ことができないことに気づきました。

私は授業中、子どもたちを見回します。一人ひとりの子どもたちの目がちゃんとこちらを見ているか確認するのですね。それを私は「アイコンタクト」と言って子どもたちに強制してきました。でもそれがいかに難しいことか、とくに低学年中学年では「学びの落ち着き」がありません。

「はい、みんなちゃんと先生とアイコンタクトだよ」と言った一瞬は子どもは意識しますが、一分ともたないのです。

「小学生はどうしてこうも落ち着きがないのか」と、私はほとほと疲れ果てました。

そんなとき、ある先輩の授業を参観する機会がありました。

その授業は４年生の国語の授業でしたが、実に落ち着いているのです。私の学級の授業とは大違いでした。

「なんでああも落ち着いて授業に集中しているのか」、そんな視点で授業を見なおしたとき、その先生は子どもの発言を実に丁寧に聴いていることに気づきました。子どものたどたどしい発言を目と耳と心を寄せて聴いている先生でした。一生懸命聴いてくれる先生に子どもたちは真剣に向き合っています。

今、私は、「きく」は「聴く」という漢字を意識して使っています。子どもたちに「ねえねえみんな、この『聴』の字の中にみんなの知っている字がいくつあるかなあ」と問いかけました。子どもたちは４年生でしたが、「アッ、耳がある」「心がある！」「横向きだけど目もある！」と驚くようにして探していきました。

そうなんですね。私は「みんなはすごい！　よく見つけたね」「これからは先生もみんなの意見を聴くときに目と耳と心で聴くことを心がけるよ」と約束したことでした。

それからは、今までの私の中にあった「教師は名ピッチャーであるべき」という考えが逆転して「教師は子どもたちの発言をしっかり聴き取る名キャッチャーになるべきだ」と意識するようになりました。子どもたちも先生が一生懸命聴いてくれることに気づくと、話し方が真剣味を帯びてきます。

「先生も一生懸命みんなの言っていることを聴きます。みんなも先生や友だちの言っていることを真剣に聴く教室になるようにがんばりましょう」と確認したことでした。

それからは正面の黒板の上に「聴く」の字を大きく掲示して、私も教師として格別意識して聴くようにしました。教師が真剣に聴くようになると、子どもたちも真剣に話したり聴いたりするようになりました。それは思いもよらない大発見であったのでした。

名キャッチャーになるためには、子どもの言動を受け止めることが肝要なことです。子どもの発言を聴いていても、「はい、ほかに」「では、ほかの人は？」というようなキャッチングの仕方をする教師では失格と言えます。その子どもの発言を受け取らないままに他の子どもに意見を求めるやり方は決して勧められるものではありません。

まずは子どもの発言を「なるほど」ときちんと受け止めることが大切なことです。

この「なるほど」というキャッチングの言い方は、「なーるほど」「ああ、なるほどねえ」「なるほどそう考えたか」といくつかの変化技がありますが、大きくうなずく、発言者の顔つきを見て笑顔で受け止めるといった所作を含めて、とても大切なことです。そのことによって、発言した子どもは、「聴いてもらえた」と納得するのです。

その受け止めるときにもう一つ重要なことは、教師の立ち位置ですね。

発言のやりとりは「教師対子どもたち」ではありません。子ども対子どもたちが中心になるようにしたいですね。そのためには、教師が子どもの発言を聴くときに、発言する子どもの対角線に位置することです。そのことによって、発言する子どもも教師に向かって話すと同時に他の子どもたちにも話すことになっていきます。

たとえば黒板に向かって右側の子どもが発言するときに、教師はできるだけ左側に動いて聴くのです。そんな配慮のあるキャッチングをするようになりたいものです。

その後の私は、もちろん名ピッチャーを意識しますが、それ以上に名キャッチャーになれるよう心掛けるようになりました。

3　子どもに指示して「やろうとした」「やれた」ならば、「すごーい！」「ありがとう！」「うれしいよ」とアイメッセージのシャワーを

子どもたちをその気にさせるためには、教師は意識して「演じる」ことをしたいものです。

その一つが、子どもたちに何かを指示して、そのことを子どもがやろうとした、がんばろうとした、がんばったときに、すかさず「おお、すごーい」「がんばったねえ」「ありがとう」「うれしいよ」とまずは教師がアイメッセージのシャワーを降り注ぐことです。

それは低学年だけの問題ではありません。高学年でも中学校でも同じことが言えますし、とくに

授業びらきの数週間は意識してやると、学級の子どもたちもがんばるようになっていきます。

子どもというのは、なかなか思うようにならない存在でもあります。日々計画通りに動いてくれるとは言いがたい面が多々あります。

そんなことでやれないことや、やらないことを責めたり叱ったりしたら子どもたちは反発するか萎縮します。教師は焦らないことです。あわてないことです。いらだたないことです。教師の中には気合を入れようと叱咤激励をする人もいますが、子どもは、反発することが多々あります。

学習規律や発言率をあげようと（子どもたちの参加度を高めようと）あれこれ教えますね。その上で実際にやったら、期待したほど子どもたちが発言しなかったり（挙手しなかったり）、学習規律を無視して動くこともあります。そんなときに、子どもを叱ることを、かなりの教師が迂闊にもやっています。叱ってやれるようになるなら簡単ですが、事はそんなに簡単なものではありません。「教えておいて、やれたら（たとえやれた子が少数であっても）ほめること、教師が喜ぶこと」が基本の姿勢としてなくてはなりません。子どもは日々計画通りに育つ存在ではないとプロ教師ならばまずは覚悟したいものです。子どもたちは、教師の焦る気持ちやこわばる顔の表情を見逃しません。いかに教師は根気強く実践することができるかが、勝負の分かれ目になります。

4　子どもを叱るときは「一度立ち止まって」行動する教師に

子どもたちに何か取り組ませる際、ふざけていたり、やる気がなかったりして、なかなか動かないときに、短気になってすぐに叱らないことを肝に銘じなくてはなりません。大人と子どもの関係の中で教師は案外自分の言動に甘くなり、ついつい怒ったり叱ったりすることをしがちです。

私は「正」という字の成り立ちを考えます。正は、どんな字から生まれているかというと、「一度立ち止まって」行動するということを表していると考えるのです。

正しい判断、正しい行動は、「一度止まる」ことです。よく犯罪行為の主犯者の言い分で「つい、カッとなってしまって」という反省の弁があります。「正」（正しい言動を行うためには）「一度止まる」と昔の人は考えたのではないでしょうか。

焦って叱ったり、後先を考えずにカッとなって体罰をしたりすることは、まさに「一度立ち止まる」ことを怠ったために起きることです。正しい判断をするためには、一度立ち止まることは、とても大切なことと肝に銘じておいてほしいものです。

教師は、とかく「がんばれ、がんばれ！」と口にしがちです。しかし、アクセルばかりでブレーキを踏むことの心得のない教師は危ういかぎりです。中には「がんばって当たり前だ！」と高飛車に出る教師もいますがいかがなものでしょうか。むしろ話は逆です。「がんばれない」「できない」「やれない、やろうとしない」が当たり前だと認識しておいたほうが、いらだつ教師にならずに済みます。

ある中学校で、若い数学の教師が、いつもいつも事あるごとに「こんな問題がなんでできないのだ！」「おまえらは何をしているのだ！」と自分の感情の赴くままに生徒たちを叱りました。生徒たちは教師の怒りに全員顔を下に向けていました。やる気を失っていました。

でもある生徒が「先生、ひどいじゃないか！　そんな言い方ありなのか！」と言いました。

こうなってくると他の生徒も黙ってはいません。「そうだ、そうだ」「わからんから学校へ来ているのだ！」「先生はわからん俺たちに教えるのが仕事ではないのか！」と反発してきました。

こうして一度その教師の言動を乗り越えた生徒たちは、その教師にむしろ意識して反発するようになっていきました。「あの先公の授業なんか受けたくねえ！」「ボイコットだ！」

それは一度堰を切った流れのごとく留まるところを知らず、授業が成立しなくなっていったのでした。

こんなことになってはいけないのです。子どもたちは何のために学校に来ているのか、もう一度しっかり考えて言動する教師になりましょう。

5　子どもと心と心を通わせるツールを持つ

担任教師は、一人で何十人もの子どもたちを相手にします。

「一斉授業」「一斉指導」という言葉があります。この一斉ということには、大きな落とし穴もあります。一日過ごしていても一度も声かけをしなかったり顔を見たかどうかも覚えていなかったりというような、あってはならないことも忙しい日々の中ではあるのです。

ある教師が5年生を担任していました。授業を終えると部活動もあって、その指導を終えると子どもとのかかわりが一段落します。その教師は、その後教室に戻って必ずすることがありました。それは、学級名簿に「きょう、ほめたり話したりした子どもには○、叱った子には×、話もしなかったりほめたり叱ったりもしなかった子は空欄」にしたのです。もうこういう取り組みをして何年になるかと思うほど長くやってきました。

それは若い頃、一日学校で教室に座っていても声もかけないで、その子がいたのかさえ確認できないことがあったのでした。そんな子どもは、まさに放置されているのです。

もっと言えば、いつもほめられたり先生のお手伝いをしたりする子が決まっている教師の所作は、「あの先生は、誰々さんをえこひいきしている」と言われるようになるのです。そんな評判が家庭に伝わるのに時間がかかりませんでした。

「これではいけない！」

その教師はそれ以降、前記のような名簿にチェックすることを日常的な仕事にしたのでした。そして、「きょう話さなかったり、顔をしっかり見なかったりした子には、明日一番に声かけをしよう」と心がけたのでした。

そんな先生が評判にならないはずがありません。「あの先生はとても誠実で、どの子も区別なく指導してくださる。ありがたいことです」と親たちの間でも評判になるのでした。

また別の先生の中には、担任している子どもと日記交換している人もいました。学級全員の子どもの日記を一日で見ることができないので、教室の子どもたちを半分に分けて、「きょうは、この列の人が日記を出します。明日は残り半分の人が出します」というように日常的に無理のないようなやり方を工夫してやっていました。

ずいぶん昔になりますが、生活綴り方という教育の仕方が流行った時代がありました。無着成恭先生、国分一太郎先生、亀村五郎先生などは、私も大きな影響を受けました。そんなことで中学校のときも小学校のときも「生活記録」という名前で子どもたちに日記を書かせて、私が朱書きをしていました。

先日、三十数年前に担任した子どもたちが同級会をしてくれました。そのとき、ある教え子が、私の担任していた3年生、4年生の頃の生活記録を持ってきたのです。これにはびっくりしました。その子は言いました。

「私は恥ずかしがり屋でみんなのように休み時間に先生のところに行って話すこともできなかったし、授業中もあまり発言できなかったです。でも生活記録は毎日ちゃんと書いて出しました。そうすると先生が赤ペンでいろいろなことを書いてくれます。それを読むとなんだか先生と話しているみたいで、私は生活記録をとてもたのしみにしていました。

今でもこうして50歳になっても残してある記録をときどき読むのです。そうするとなんだかとても懐かしくなってきて、うれしくなるのです」

私もその子の生活記録を読ませてもらううちに、ずっと遠い昔が懐かしく思い出されてきました。

一斉指導の中で見過ごしてしまうことのないようにしたいのは山々なんですが、現実はなかなか多忙感いっぱいで、多くの子どもにかかわることは難しい面もあります。とくに中学校は教科担任制で自分の教室で過ごす時間もほんとうに限られています。だからこそ生活記録のようなツールが必要になってきます。

6　子どもを育てる「5原則」

「学校はたのしいところであらねばならぬが、歯を食いしばり、涙をこらえてがんばるところでもある」は私の若き日からのモットーでした。そして、それを「教室」という場で実現していくために、私は大きく5つの柱「5原則」を打ち立てたのです。それは小学校でも中学校でも同じ思いでした。

1　明るいあいさつがいっぱいの教室（教師）

・「ここがんばりどころだ」と一緒に励む
・真剣さを出す勇気を育てる
・決してあきらめない
・「信じているよ」と言える

私はこの5原則を軸にして、私自身の教室経営、ならびに学校経営を行ってきたつもりです。あるときは行政職にあり現場に語りかけ、あるときは教頭職、校長職として自らの経営に反映させてきたつもりです。そしてこの5原則を含めての私の教育信念は、退職して各地の学校を行脚するようになっても、一番先にお願いすることにしていました。

ある荒れた中学校で、教師たちが呻吟していたときに、若い教師が「そう言えば、最近オレたち、子どもたちに『ありがとう、ごくろうさま』を言うことを忘れているよな」ということで、48人の教職員が一丸となって、「一日100回ありがとうのシャワーを発しよう」と実践したことが懐かしく思い出されます。それによって4800回のありがとうのシャワーが校内に溢れることになり、やがて生徒会や保護者をも巻き込んでの「学校再建」になっていったのでした。

また「授業というバスに乗ろう」と「バス発車！」を合言葉にして、低学年の子どもたちが健気にがんばっている教室にも出会いました。休み時間と授業とのけじめをつける「バス発車！」です。子どもたち、一人ひとりが、みんな主人公になるのですね。それはそれは頼もしい授業光景でした。

ある中学校で教室に入ると、教室前面の黒板の上に「まちがいは宝箱だ！　予想発言大歓迎！」と大きく達筆な字で書かれた紙が張り出されていました。その教師の願いが通じ、授業の中で「たぶん……」「きっと……ではないか」という予想発言を生徒みんなが進んで行う光景に私は心打たれるばかりでした。

中学2年生と言えば、生意気盛りでやや目標を失いがちですが、教室に熱気がみなぎっていることに、私は驚嘆したのでした。生徒の授業への参加度が格段に高く、学び合う姿に「学ぶことに対する勢い」を強く感じたことでした。

みんなみんな「5原則」に意義を感じ、「だまされたと思って取り組むと新しいみんなに生まれ変わる」を合言葉に取り組んでいるのでした。また、難しい問題や行き詰まった場面では、「ここががんばりどころだ」が、授業者である教師と子どもとの一致したやりがいを生み出していったのです。

Ⅱ 「教育実践の日常化」を図る ―超かんたん公開授業をする―

教師たちは日々忙しいばかりです。なかなか日常的に授業実践を研究したり教材研究をしたり学級経営の探究をしたりするための余裕がありません。それでも教師は「子どもを育てる」という軸をぶらさず日々精進しなくてはなりません。

しかし、その精進も「非日常的な研究」としてやらなければならないとなると、なかなか長続きはしません。どうしたら、日常的に「ちょっと無理してがんばればできることになるか」を、私はこれから探索していきたいと思います。

1 「学びのスタンダード」を模索する

「前の担任の先生は、そんな授業のやり方ではなかった」「宿題が多すぎる」「先生のやり方がわからない」「一部の人だけで授業を進めていく」「こんな先生のやり方は嫌だ！」

それは、教師たちが新しい年度を迎えて、何とか「今年こそは」とがんばろうとしている矢先に起きる子どもたちの反乱です。中には担任の先生のやり方やきつさに不登校になってしまう子どもも出てくる始末です。それは新しく担任になった先生だけの問題なんでしょうか。決してそうではないのです。

2年生の担任の先生で居心地よく学んでいた子どもたちは、3年生になって新しい担任になった直後に、前年の担任の先生と今度の先生の「授業の進め方」や「言葉がけの仕方」「宿題の出し方」などに違和感を持ち、やる気を無くしたり反乱を起こしたりします。それは保護者にも敏感に伝わります。

ちょっとした授業のやり方や学級経営の仕方が、教師と子どもたちの間に不協和音を生み出すのですね。そして、それが子どもの大きなストレスになり、子どもたちの授業への参加度が高まりません。

そんなこともあって、私は現職の頃から学校は小学校であっても中学校であっても、協業的な取り組みをすることが大事なことだと思うようになりました。

教師一人ひとりは性格も持ち味も違います。それは当然のことです。しかし、学年が変わるたびに授業の仕方や学級経営の仕方が大幅に変わることで、子どもたちが環境不適応を起こすことも多々あります。

そんなことで、私はそれぞれの教師がそれぞれの持ち味を出すことをよしとしながらも、その学校の授業の仕方に一貫性があることが大事なことだと思うようになりました。まずは授業の仕方「学びのスタンダード」なるものを教師同士が共有化してこそ、子どもの育ちを応援する教育実践体制の確立になるのではないかと考えるようになっていったのです。

ここでは、私も一緒になりながら構築した、ある学校の「学びのスタンダード」をまずは提示したいと思います。

学びのスタンダード（教師の側から記述、※は子どもの動き）**国語の場合**

授業のはじめ

・はじめの挨拶　※「起立。服装を正してください。気をつけ。今から国語の授業を始めます」（礼）

教師「はい、お願いします」（子どもたちの挨拶を見届けてから、より深く礼をする）

導入（つかむ）

・学習課題を書いた短冊黒板を掲示する（「〜しよう」というように書く）
・横書きは黒板の中央上に、縦書きは右側に掲示する　※学習課題を一斉読みする
・一人ひとりが自分の考えをもって授業に臨めるように、「見つけ学習」（詳細は37ページ）を活用する
※音読するときは、起立してバラバラ読みをする。ベルタイマーで5分間設定する（詳細は52ページ）。5分前に読み終わった子は、前に戻って二度三度と読む。ゆっくりはっきり読むことが理想

展開（ふかめる）

・「さあ、今読んだところで心に残ったところを見つけてください。3つだよ」タイマーで時間管理
※音読した場面の中で「心に残ったところ」を短くサイドラインを引くか○で囲む。3カ所選ぶ
・「心に残ったところ」についてどう思ったかを教科書の下欄に書く
・「『心に残ったところ』をみんなに伝えましょう」　※黙って挙手。コの字型隊形になる
・参加度を高めるために待つ。挙手が少ないときは、「どうしようか、迷っていたらがんばって挙手しよう」と励ます
※指名されたら「はい」と返事をして、友だちの方を向いて話す。低学年は「聴いてください」と言ってから話す。聴く側は「はい」と返事をして話す子どもの方を向く（ノートや教科書に書いたことを見ないで話す）
・予想発言や自信のないときには「たぶん〜」「きっと〜」と言うことを教える
※聴いている子は、「〜さんに付け足して」「〜さんとちょっと違って」のように付け足し発言をす

る（「～さんに反対で」という言い方をしないことを教える）
・教師も大きくうなずくが、しゃべり過ぎないように気をつける。適宜音読を入れる
・話し合いで一番こだわったところを、「ここがこの時間のがんばりどころだよ」と言って時間をとってノートに考えを書いたり、再度音読したりして進める（本時の山場）
※再度考えたことを話し合い・聴き合う
・その場合、書いてないことでも言っていいことを教える

終末（ふりかえり）
・延長授業をしないことを原則にして授業終了5分前に「この時間で学んだこと」を書かせる

授業のおわり
・終わりの挨拶は、はじめの挨拶に準ずる

以上が国語の授業での読解の授業の例ですが、社会科や算数・数学、理科なども含めて全教科で同じように行うことを原則にします。

「見つけ学習」については、もう少し丁寧に後述します。（37ページ）

授業では延長授業をしないことを大原則にします。延長授業を私は「不時着の授業」と呼んで厳しく戒めます。そのためにもベルタイマーで時間管理を徹底して効率よく授業を進められるようにします。

子どもたちに「ひとり学び（調べ）」をさせるときには、ベルタイマーの時間は「学年＋1（分）」を

原則にして長々と時間を使わないようにします。たとえば4年生では5分を限界にします。長い時間を使うと子どもたちは飽きてきたり、集中を切らしたりして授業が弛緩したものになりがちです。

何度も言いますが、授業で一番大切にしたいことは、「子どもたちの参加度」です。ほんの数名の子どもの挙手や学びで授業が進んでいくことを厳に戒めなくてはなりません。挙手が少ないのは何かどこかに原因があると考えるべきです。

小学校高学年や中学校では羞恥心も手伝って参加度が低くなりがちです。そんなときは学級会を開いて子どもたちに自覚を促すことがとても重要なことになります。

全校教師で、この「学びのスタンダード」の共有化を図ると同時に、画一的固定的に考えるのではなく常に改善するところがあれば、それを提案して実践活動に反映します。

2　話し合い（学び合い）・聴き合いの手法を学ぶ

子どもたちの主体的で活動的な学習を保障するためには、話し合い・聴き合いの手法を子どもたちに「教える」ことが、とても大切なことになります。

「やりなさい」「がんばりなさい」と言っても、やり方を知らないままでは、自信を持って学習活動をすることができません。

たいへん細かいことですが、算数の授業で発言する場合でも、答えが8個という場合、「8個」と言う子どもを育ててはなりません。「私は（ぼくは）8個だと思います」と言える子どもにしなくてはなりません。きちんと「〜です」まで言えることが対話的な学び合いには欠かせないのです。

その場合、「私は8個だと思います。どうですか？」と言うのはやや問題があります。聴いている子どもたちが「いいです」と応えがちになります。この一斉に「いいです」を言わせることを癖にすることは、そこで学びの深まりが止まってしまうことになり、たとえ正解であっても「ほんとうに、いいですと言っている子どもがわかっていて言っているのか」見えないことになります。

そんな場合は、「付け足し発言の奨励」をします。「○○さんは8個と言いましたね。私も計算の仕方は違いますが8個になりました」という発言を引き出し、学習の深まりをめざす授業展開を期待したいのです。

ここで、「話し合い・聴き合い」の仕方を箇条書きにして提示します。

・**挙手するときは黙って挙手**します。「はいはい」と言いません。『「はい」は一回』ということもしません。「はいはい」と言っている子どもは、興奮状態になったりして疲れてしまいます。それに騒がしくなり学習が落ち着いたものになりません。

・ハンドサインで**「反対！」のサインを厳禁**する。以前は反対のハンドサインを使っている教室がありましたが、大きな声で「反対！」と言われると、自信のない子どもは二度と挙手する気持ちを持たなくなります。

・**「付け足し発言の奨励」**をする。授業は、子どもたちみんなで学びを深めていくことを大切にしましょう。そんな意味で、「～さんに付け足して……です」「～くんと同じですが、少し付け足して……です」「～さんとちょっと違って……です」の話型を子どもたちに教えます。

とくに反対意見を言いたい子どもには、反対と強く言うのではなく「～くんとはちょっと違って」という言い方を共有化することによって、「学び合い・聴き合い」の雰囲気が教室中に広がり、みんなで勉強しているんだと思うようになります。

・**「指読み」**ということについて説明します。国語や英語などで教師や子どもの代表が音読（朗読）するときに、他の子どもたちは教科書を見ていることが多いと思います。でもほんとうに文字やセンテンスをたどっているかというと、やや疑わしい面があります。そんなとき、私は子どもたちに「指読み」をさせることを提唱するのです。

指読みというのは、まさしく範読や代表読みをしている子どもの読んでいる箇所を、聴いている子どもが指差ししてたどることです。

子どもたちは代表の子が音読しているときに「自分の勉強」という意識が欠けることが多いのです。それで聴いている子どもたちに、今代表の子どもが音読している文章やセンテンスを指でたどらせることによって、「一緒に読んでいる」という体験をします。そこに意義があるのです。英語などで代表や教師が朗読（音読）しているときに、「指でセンテンスをたどる」ことでワードやセンテンスをきちんと見るようになります。語尾が複数形か単数形か、動詞が過去形か現在形かなども見落とさない子どもになります。

この「指読み」は算数・数学や社会科、道徳などの問題文や本文を読むときにも、実に効果的に「学びの成果」を発揮します。ぜひとも挑戦してほしいものです。

・算数の授業などで黒板の前に出て説明するときは、**前に出た子どもには、指差し棒**を持たせて「聴いてください」と言わせます。そして途中まで説明したときに「ここまでわかりましたか」と言うことを教えます。教師は聴いている子どもたちの後ろにひざまずいて聴きます。

よく算数の授業などで「前に出て説明してください」と教師が指示することがありますが、前に出た子どもが指差し棒も使わず聴いている子どもたちに背を向けて小さな声で話すことがあります。これは、子どもたちの「やり方がわからない」「恥ずかしい」などといった気持ちからでしょう。

そんなときは、きちんと前に出て説明する仕方を教えることです。その場合、とくに教師の立ち位置が問題になります。聴く側の子どもの後ろにひざまずいて聴くと、説明する子も先生の方を向くことになり必然的に聴いている子ども全体に説明する姿勢になります。

・「話を変えていいですか」「前に戻るんだけど」「たとえばで言うんだけれど」などの**話法を教えます**。話し合い・聴き合いの手法は、その手法を「教える」ことで、子どもたちははるかにスムーズに使えるようになります。それによって多彩な深みのある話し合い・聴き合いができるようになっていきます。

・**「がんばりどころ」**は、一度立ち止まって子どもたちが自分の考えを見直したり、付け加えたりする時間です。子どもたちのこだわったところであったり、その授業の山場でもあったりします。

その授業で教師が願っている箇所でなくても、子どもの「こだわり」を重視する授業をするような教師は、子どもの学びに勢いを与えて「深い学び」に導くことができます。

・**本時の感想を書くことを教えます**。授業終了5～7分前になったら、「学びの感想」を書くことをします。算数・数学などでは、本時のねらいを生かす問題に挑戦する時間でもあります。「学びの感想を書かせても教師が点検もしないで放置していると、気を入れて書かない子どもになります。次の授業のはじめに紹介するような配慮があると、グッドな取り組みになります。何はともあれ何度も言いますが**決して延長授業をしない**ことです。

3　「見つけ学習」のやり方に精通する

小中学校の教師は日常的にかなりハードな日々を過ごしています。そんなこともあって「教材研究」を丹念に行うことはなかなか困難な行を伴います。増してや小学校では日々空き時間もなく授業は教材研究をしても一回ポッキリの授業となり、教材研究を毎日6時間の授業ですするとなると、ほとんど不可能な行になります。

私は教頭職になったときに、現場の教師の日々の忙しさと空き時間のない生活ぶりを見て「何とか教材研究をあまりやらなくても、比較的簡単にやれる授業法はないものか」と思案しました。つまり「教育実践の日常化」をめざしての、そんなに教材研究を丹念にしなくても、授業ができる方法の模索です。そこでたどり着いたのが「見つけ学習」という学びの手法でした。ここではまず社会科の例で語りましょう。

社会科の見つけ学習の例

6年生の社会科歴史の授業で「弥生時代のくらしの想像図」があります。この絵図と縄文時代の様子を比べながら、それぞれの子どもが「おや?」とか「ああ、すごいなあ」と心に強く響いた

「物、事、人」を「見つけていく」のです。「すごいな！」と思ったこと、「心に残った！」ことを「見つけていく」学習です。

私はこの「見つけること」では、たくさん見つけることもいいですが、まずは「3つ見つけよう」と子どもたちに働きかけます。そして、見つけた子どもたちには「それでどう思ったか」を書かせるのですね。「どう思ったか」というのは、予想、解釈、意味づけ、疑問でいいのです。

「田植えをしている人がいる」「立って命令のようなことをしている人がいる」などと見つけていきます。そしてどう思うかを「立って命令している人はムラの年寄りだ」「立って命令している人は、ムラの力のある大将だ」というように思うことを書いていくのです。

こうして社会科の授業として行っていくのです。

国語の見つけ学習の例（物語文）

国語の場合も同じです。物語文では、難語句、意味調べをした後、本文を場面に分けてそれぞれの場面で「心に残ったところ」を3つ見つけます。そして、その見つけたことに対して「自分はどう思うか」を書かせるのですね。

6年生の教科書に出てくる「海のいのち」（立松和平作）では、太一が海にもぐって瀬の主と向かい合う場面があります。そんなところでも、太一が「泣きながら」とか、「お父ここにおられましたか」などの言葉に心打たれた子どもは、そこに線を引いたり○で囲んだりしていきます。そして、自分はその言葉に対して「どう思うか」を書くのですね。

国語の見つけ学習の例（説明文）

国語の説明文の場合は、たとえば2年生の「ビーバーの大工事」（中川志郎作）を場面ごとに読んでいくのですが、この場合は「心に残ったところ」でもいいですが、「すごいなと思ったところを3つ見つけよう」が適切だと思います。そしてやはりすごいことに対して「どう思うか」を書かせるのです。

社会科の「消防署のたんけん」でも「消防署をたんけんして『すごいな！』と思うことを3つ見つけて、それについてどう思うか」を書かせます。

「3つ見つけとはどういう意味があるのか」と疑問を投げかける人もいるでしょうが、大きな意味はありません。「1つだけ」というのは、あまりに単調で物足りないし、「たくさん見つけ」では競争をあおるようになって学習になりきらない面があるからです。私の経験知で「3つ」がもっとも適当な「見つけ」になると思っています。

この手法は理科の実験・観察、体育の跳び箱やバスケットボールでの見つけなどにも応用できます。あらゆる教科で可能だと思います。

もう一度言います。この「見つけ学習」は、学習対象が何であれ、「心に残ったところ」「すごいなと思ったところ」を見つけることです。これはそれだけで「探究的な学習」であり、それに「どう思うか」（どう解釈するか、どんな感想を持つか）を書かせて、それを学級全体の場で話し合い・聴き合う授業をすれば、「対話的で深い学び」のできる問題解決学習が展開されたことになります。

「見つけ学習」の5つのステップ

ここでは、「見つけ学習」を展開順に5つのステップで紹介したいなと思います。

ステップ1　学習する中身を予想する導入を大切にする

子どもたちが「学習したい」「学習しなければならない」と思うには、子どもたちの学習対象への好奇心をあおることがとても重要なことです。

たとえば、金子みすゞさんの「犬」という詩を読む場合も、この「犬」という題名から子どもたちに「たぶん〜のような話だ」「きっと犬が〜していると思うよ」と予想させていくことによって、「読んでみたい」という意欲をかきたてることができるのですね。

ステップ2　「すごいな！　と思ったところ」「心に残ったところ」を見つける

国語の説明文、社会科の歴史や地理などの本文、理科の実験観察などをはじめ体育、音楽などでは、「すごいな見つけ」が大いに学びの威力を発揮します。それに対して、道徳の資料や国語の物語文、音楽の鑑賞や合唱などは、「心に残ったところを見つけよう」と仕掛けていきます。

ステップ３　学習対象から、まずは「３つ見つけよう」を推奨する

前にも述べたように見つけの基本は、「まずは事実見つけ（事実認識）」から始まります。

体育のバスケットボールの授業で言えば、相手チームのすごいところを見つけるとき、相手のどんなところがいいかを、まずは３つ見つけることのできる子どもたちにしていくことです。

この３つという見つけは、１つ見つけて安住している子どもには、適度な刺激になります。また「手を動かす」「比べて見つける」「アンダーラインを引く」などの具体的な作業活動として行うと教師も子どもたちの学びの動きが見えてきます。

ステップ４　３つの中で「一番すごいところ（心に残った）」を見つける

社会科の授業で言えば、江戸幕府を長く続けさせた決め手になった制度はどれかを、「参勤交代」「大名配置」「鎖国」「武家諸法度」の内から見つけていくことによって、学習に「深まり」が生まれてきます。一人の子どもの中であれやこれと思考するのです。そこに大きな学びがあります。

ステップ５　「すごいな、心に残ったところ」について、「自分はどう思ったか」を書く

「すごいな」とか「心に残ったところ」について、「どう思うか」を書くことは、かなり漠然とした問いかけになり、子どもたちに戸惑いが生まれないかと案じる方もいるかもしれません。しかし、これは「感想、解釈、理由、比喩、仮定」などのさまざまな書き方を奨励することになり、(子どもにはその分類の言葉を意味づける必要はありませんが) 多様な解釈や感想が生まれてくるのです。

一番いけないのは、「なぜそこを選んだのか理由を書きなさい」と限定しないことです。それをすると学習がとん挫して先に進めなくなります。

ここまでが「見つけ学習」の「ひとり学び (調べ)」です。この学習を基盤にしながら、座席をコの字型にしたりして、学級全体の「話し合い・聴き合い」学習に入っていきます。

全体学習に入っていって、子どもたちのこだわりが集まったところや、教師が「きょうはここをがんばりどころにして子どもたちに学ばせたい」と思うところでも、再度「見つけ学習」の手法で子どもたちに取り組ませることで、「自分の考えを持ってがんばりどころの学習」に臨むことができます。

4　対話的な学びの手法を習得する

「見つけ学習」という「ひとり学び (調べ)」で学んだことを「学級全体で共有化」して、一人では学ぶことのできなかったことを学ぶことができるようになるために、「対話的な学びの手法」を子どもたちが会得する必要があります。

まず大切なことは、「ひとり学び（調べ）」で学んだことを発表することが「対話的な学び」ではないということです。それは単に互いの考えの発表会に過ぎません。それでは、発表することに意義があるという価値づけを、子どもたちに意識づけることになってしまいます。

「発表会のような授業風景」を、私は「うんこをするような授業」とたとえてきました。吐きだすだけで学習した気になるのでは、せっかくの「ひとり学び（調べ）」がさらに磨かれていく授業にはなりません。

子どもたちは「誰に向って話すか」と言えば、それは「教室にいるみんな」に向かってであり、聴いている子どもは、話をする子どもの方を向いて聴く姿勢をとります。だから、座席の隊形はお互いの顔が見やすいように、「コの字型」になります。

低学年では、発言する子どもがみんなの方を向いて「聴いてください」と言います。聴く側の子どもたちは「はい」と返事をして話す子どもの方を向きます。私はこれを「子ども同士がアイコンタクトする」と言います。

発言する子どもも時として「先生に聴いてもらいたい」という願いで、「教師に向かって話すこと」になりがちです。それでは「話し合い・聴き合い」になりません。もちろん教師もしっかり聴きますが、大切なことは「話す子の意識づけ」です。授業の運転手は先生であるということで、子どもはどうしても教師に向って話すようになります。だから、教師はできるだけ話す子の対角線上の遠い位置に移動することです。そのことによって、辛うじて「話し合い・聴き合い」学習が成立することになるのです。

そして大切なことは、付け足し発言の奨励をすることに教師の役割があります。前にも記したように付け足し発言には、「○○さんと同じで……だと思います」「○○さんに付け足して……です」「○○さんとはちょっと違って……ですが、どうでしょうか」という話法を活用して、子どもたちのコミュニケーション能力を全開にするのです。

この場合、「○○さんと似ているけれど、たぶん……ではないかなあと思います」「きっと……だと考えます」などの発言も出てくるといいですね。

そこで大切になってくるのは、教師の板書能力です。教師は子どもの言ったことを全部書くようなことをする必要はありません。書こうと思う三分の一くらいのことで十分です。長々と書こうと思うと、教師が子どもたちに背を向けている時間が長くなり、授業がとん挫します。

そして話し合い・聴き合いをする中で、浮かび上がってきた子どもたちの「こだわり」や、教師が子どもたちの学び合いを生かして「ここだ！」と思うところを、「もう少し深めたい」「考えさせたい」と決断するのは今だ、と気づくことが重要です。これが「本時の山場」であり、子どもたちの言葉で言えば、「この時間のがんばりどころ」ということになります。

教師は、

「ちょっとみなさんいいですか。黒板を見てくださいね」

「一番みんなの話し合い・聴き合いで問題になったところはここ（板書を指す）でしたよね」

「ここのところをもう少し考えてみようか。きょうの時間のがんばりどころにしようか」

と問いかけます。

それを受けて子どもたちは、立ち止まり、教師の示した箇所を「もう一度考え直す」「深め直す」ことをしていくのです。

そのためには、改めて音読したり調べ直したりして、考えをノートに書くことも大事なことです。これは国語や社会科、理科だけの授業ではなく、体育や音楽、家庭科などの教科でもやることによって、「対話的で深い学びの境地」に子どもたちの力でたどり着くことを可能にしていきます。

そこでは試行錯誤、悪戦苦闘を子どもたちに強いることになるかもしれませんが、その結果、「やり遂げた満足感」を味わうことにもなります。

5　板書計画（板書練習）をして、「学びのイメージ」を事前に描く

私はこの章のタイトルを「教育実践の日常化」としました。「教育実践の非日常化」ではありません。ちょっと無理はするけれど、少し意識してがんばるとやれる手法で、本時の授業のイメージをつかむのです。

ある学校では、指導案をつくることをしないかわりに、「明日の国語の授業のイメージ」を、板

書練習をすることによって描くのでした。

それは子どもたちが帰ったあとで、黒板に明日の授業を行う過程で、明日はどんな考えが出てくるだろうか、それを授業者である教師が予想するのです。

そして、「あの子はこんなことを言うんではないか」「いや、それに対してBさんは、別の考えを出してくるかもしれない」と思い描いていきます。もちろん、授業者である教師には到達させたい目標がありますが、それに固執することばかりでは、「子どもたちに寄り添った板書」になりません。そんなことで、「どんな授業になるだろうか」と予想をしてたのしむのです。

その学校では、黒板に明日の授業を行っている教師の教室に他の教師たちが集まってきて、「それは違うのではないか」「そんな考えは出てこないと思うよ」などと、子どもの側に立ったり、教材の側に立ったりして口出ししていきます。これがとてもいい勉強になるのですね。

そんなこんなで一応の板書を描いたときに、「ねえ、この板書にこだわるあなたになってはダメだよ。ここでは予想もしない意見が出てくるかもしれないのだから」「それが出てきたときに私たちはとかくあわててしまうよね。でもそんなときにずる賢く、予想もしなかった子どもの考えをたのしむ教師になりたいものだね」と応じる教師たちになっていくのです。

板書には、私は三色のチョーク、すなわち白色、黄色、赤色を使うことを原則にしています。もちろん、青色や緑色のチョークを使ってもいいのですが、少なくとも単調な板書にならないことで子どもたちの学びの姿を浮かび上がらせることを大切にしています。
白色のチョークは、教科書の地の文や事柄などの事実（事象）を書きます。
黄色は、子どもの意見を書くのに使います。
赤色は、子どもの意見が重なっていたり強調していたりしたところに二重線三重線を引いたり、○をつけたりして、強調、対立、つながりを、子どもたちに意識化させていくために使います。

授業者は、「私の予想した板書にならないで、それを突き破る子どもが出てくるだろうか」とたのしみにします。このような明日の授業に向かい合う教師になっていくといいのですね。

この学校では「板書で考える明日の授業」ということで、誰でも気軽にかかわり合いながら、実践していく雰囲気がありました。それは「開かれた勉強会」であり、苦しみもありますが、「授業づくりをたのしむ」ことにもつながっていくのでした。

私は、この学校のように、「普段の授業をちょっと無理してがんばる教育実践の日常化」をめざすことが大切で、それが授業研究を長続きさせることになると考えます。

6　ワークシートやプリント学習にかたよらない学習をする

今、学校現場で日常的に多く行われている授業に、「ワークシートを使った授業」「プリントをやらせる授業」があります。これは教科書会社の側にも指導書にプリント範例を添付していることが多くなっているからです。

確かに練習問題をやる場合や「これだけは教え込みたい」と思う箇所には好都合な手法かもしれません。知識の習得であったり、何度も練習して習得する授業としては意味ある活動になります。

しかし、そのことによって、子どもたちは「仲間と学び合う」ことを忘れてしまいます。まさに対話的な学びを遠のかせる結果になっていきます。さらに言えば、子どもたちは与えられたプリントやワークシートをたんたんと行う、受け身の学習になってしまうのです。

教師の側も安易にワークシートやプリント学習に寄りかかるのは、「話し合い・聴き合い」のような授業は面倒で、なかなか遂行するのに厄介だからです。

何よりも「教え込み」をする方が、子どもが受け身であろうと何であろうと「らく」なんですね。ついつい教師も安易に手抜きの授業をすることに傾いてしまうのです。よほど自分に信念がないと安易に流されてしまいがちになります。それはとても教師として怖いことだと思います。

「プリントさえ用意すれば明日の授業はできる」でしょう。何よりも教科書会社がプリントの見本を作ってくれているのですから、教師は「楽ちん」です。でも、もう一度言いますが、怖いことです。

私は、学校行脚をしている中で、小学校よりも中学校に、このプリント学習やワークシートを使った授業が多いように感じています。

中学校では「話し合い・聴き合い」をさせても「どうせ一部の生徒しか参加しない」と初めからあきらめている教師には、好都合な授業（授業と言えるかどうかも怪しいですが）でしょうか。

私たちは、そんな取り組みがもたらす悪弊を厳しく問い直す教師としての精進をしていきたいものです。

7　本時の到達目標や授業法を職員室に置いてくる

教職に身を置く者は、年に1～2回の研究授業（公開授業とも言う）を行い、自らの授業力をアップする節目にしています。

教材探索から始まって、単元構想を見通し、ここぞというところを校内研修会で行うのです。その授業指導案は、練りに練ったものであり、教師が渾身の力をふりしぼって作成したものです。「その日を迎える」緊張感に授業者は心も体も上気し、まさに「非日常的な時間の中での授業」と言えましょうか。

ある小学校で、1年生の子どもたちが、生活科の授業で、町の公園で遊ぶ計画を立てました。もちろん教師の援助があっての実践です。

子どもたちはその日をとてもたのしみにしていました。遊び道具を用意して公園に行くことになりました。その日は天気もよく気候も安定した秋晴れの日でした。子どもたちは、公園に着くと、さっそく先生の注意事項を聴いてから遊び始めたのでした。

ブランコや滑り台で遊ぶ子、木登りをする子、砂場でトンネルを掘ったり水を混ぜて動物を作ったりする子……、それはそれは活発な時間になりました。もちろん、遊びに夢中になればなるほど、あちこちでトラブルも発生していました。

砂場の取り合い、木登りや滑り台での奪い合いなどなど、子どもたちが夢中になればなるほど、笑顔いっぱいの子どもたちがいる反面、泣きべそをかいている子もいたのです。そんなことで2時間の「公園で遊ぼう」の授業は終わりました。

教師はその光景を眺めながら、「学校に帰ってからの授業をどう進めるか」考えていました。できることなら、「どんな遊びをしたか」「何が一番たのしかったか」「学校の遊具とはどこが違っていたか」「困ったことはあったか」など、学校でのいつもの遊びと公園で遊んだことを比べていこうと考えて授業を構想しました。

当日の研究授業になりました。子どもたちは初めのうちは、公園で遊んだことのたのしかったこと、学校の遊びと比べっこをしての話し合いをしていたのです。

ところが、途中である男の子が「公園での遊びはおもしろくなかった!」と言ったのです。他の子の中にも「だって遊べなかったもの」「砂場の取り合いになりケンカになって嫌だった」「〇〇くんが自分の作った城を壊して足で蹴ったので怒れてきた」「木登りも順番でケンカになったから嫌だった」と、公園で遊ぶことがうまくできなくて、ケンカになったことを言い合う授業になっていったのでした。

授業者の教師の「じゃあ、どうしたらよかったの？」の問いかけに、「みんな自分勝手でやるから、遊べない」「ぼくも付け足しで、○○くんはわがままで怖いし、叩いてきた」「いや叩いてなんかいないよ」「でも叩いたじゃんか」と公園でのケンカの再現学習になっていったのでした。

教師は、指導案から大きく方向転換して、「どうしたらケンカしないで遊ぶことができたのかを、みんなで話し合おう」と、問いかけたのでした。

そんな問いかけにいつの間にか授業は「ケンカしないで遊ぶには何をどうしたらいいか」を考える授業になっていったのです。それは授業者が指導案で構想した授業とは大きくずれた授業でした。

授業後の協議会で、本時の授業のことを話し合うことになったとき、参観した教師たちが一様に口にしたのは、「授業者の深津先生はよくもまあ、指導案の構想した授業とは大幅に変えた『ケンカを中心にした授業』を、大きくやさしく包み込むようにしたものだ」という意見でした。

「用意した指導案を変えたこと」に話題が集まりました。

それを受けて授業者の深津先生は、

「私は小心者でいつも指導案通りに授業を進めることができるか案じながら研究授業をしていま

した。つまり子どもたちの動きを見ているよりも、指導案を見ている授業者だったのです。

ですが今回の授業では、自分の作った指導案にこだわらない授業になってもいいと思い、『指導案を職員室に置いてきました』。

だから、公園での遊びと学校での遊びの比べっこに焦点を当てた授業を構想していた指導案を捨てました。そして、子どもたちが『一番こだわったこと』を考える授業にしようと臨みました」と言ったのです。これには参観者から大きな拍手が起きたのです。


それから、その学校では、指導案を構想することをいい加減にすることはありませんが、「指導案を職員室に置いてきて、子どもをよく見て見通して授業をしよう」が合言葉になっていったのでした。私は思います。これこそ「授業研究の成果」だと。そして、深津先生の授業に、「勇気ある決断をした授業」として心から感動したのです。

私たち教師は「子どもに寄り添う授業」などと口では言いますが、それを実際に行うことは並大抵の精進ではできないものです。しかし、それを実践してこそ「教育実践の日常化」と言えるのではないかと思うのです。

8　ベルタイマーの活用で子どもの集中力を高める

すでに記してきたことでもありますが、私はキッチンタイマー（ベルタイマー）を持ち込んで授業をすることをしていました。子どもたちに「ひとり学び（調べ）」を行ったり、算数などで練習問題を行ったり、英語や国語での音読をするときの時間管理に活用していたのです。

キッチンタイマーは、お母さんたちが料理をするときなどに使う、時間を計るものですね。そのキッチンタイマーを授業に持ち込んだのでした。

授業での子どもたちの取り組みが、けじめのないダラダラした活動にならないためにも、ベルタイマーを、「今から5分でこの練習問題を行ってください」と指示して使用するのです。

もともとは小学校45分、中学校50分の授業で延長授業を行わないことを心がけていた私は、授業での時間管理をどうしたらいいか、長年案じていました。それが、キッチンタイマーがヒントになって学校の授業で使ってみようということになったのです。

ベルタイマーを使って子どもたちに学習活動を意識づけてやらせる場合、「集中してやるには発達年齢によって、違いがあること」も、少しばかりやってみて気づいたことでした。

小学1年生は、集中できる時間は2分が限界ではないか、2年生は3分が限界というように、**学年＋1分が子どもたちの集中タイム**ではないかと、私はある程度確信を持つようになったのです。

中学校は、小学校6年生と同じ7分でいいのではないかと考えています。その時間を目安に「ひとり学び（調べ）」の時間を行うことで、ほんとうに子どもたちの集中力が見違えるように高まっていきました。

ある学校で参観したときに、「今から20分観察をします」とベルタイマーを使っている授業に出会いましたが、それをすると子どもたちの集中を切らしてしまう傾向が強いこともわかってきました。

国語で全員起立して、音読する場合、「今から3分できょう学ぶところを心を込めて音読しましょう」と言います。子どもたちの中には、速く読んでしまって座ろうとする子どももいますが、そんな場合は、「前に戻ってもう一度しっかり読みましょう」と言います。

要するに私は、「新幹線読みになると景色がしっかり浮かんでこなくなりますよ。心を入れてしっかり読みましょう」と呼びかけます。

とにかくダラダラした時間を過ごすのではなく、「集中した時間」を過ごすことを教えるのです。

また、このベルタイマーは家庭学習でも威力を発揮します。家でキッチンタイマーを使って自分の勉強時間を「今から英語を20分、そのあとで数学を20分やろう」と、自己管理をすることができるようになれば、学習への集中力が格段に向上します。

今では私のかかわっている学校だけではなく、多くの学校でベルタイマーが活用されていることを、とてもうれしく思っています。

Ⅲ　目配り、気配り、心配りのできる教師になる

教師は「子どもに信頼されてこその仕事師」です。

子どもとどう向き合うか、子どもと共にどう歩くかを、私たちは日々の振る舞いの中で築いていくしかありません。

ちょっとしたボタンの掛け違いが子どもや親の不信感をあおることにもなります。ここでは、私を含めて多くの教師が、子どもとの関係をどう築いていったかを、なるべく具体的に語り、実践への足掛かりをつかんでいきたいと思います。

1　できない子に優しい教師になる

大勢の子どもを担任する教師の立場になると、どうしても目立ちたがり屋の子どもやある程度「できる子ども」に目が行くのが教師の常です。おとなしい子どもやできない子どもには、なかなか行き届いた目配りができないのが現状です。

石川先生はまだ若い、教師2年目の担任です。

先輩の教師からは、「学習規律をはじめにしっかり指導していくんだよ」「決して叱ってやらせるのではなくて、ほめてやらせていく教師の姿勢が大切なことだよ」と言われてきました。それは石川先生にもとても納得のできることであり、石川先生自身意識して取り組まなくてはならないと思っていることでした。

しかし、日々教室に行っての担任生活はどうしても「やれない子や反抗的な子ども」に気がいってしまい、毎日が悪戦苦闘の連続でした。なにより授業する技量が驚くほど貧困でした。数名の子どもに振り回されてなかなか授業になりません。日々焦りの連続、いらだつなと戒めても真逆な事ばかりをしていました。

先輩の金子先生の体育の授業を参観したとき、子どもたちが的確な号令で動いたり、日頃の指導の深さを思わせるキビキビした動きをしたりしていました。その目を見張る動きに石川先生は深く心を打たれたのですが、授業後の金子先生の話で「できない子にやさしいクラス、やさしい先生でありたい」という言葉が深く心に残りました。

石川先生は、「できない子を叱ってばかりしていたような気がする」のでした。「私だって教師になる前は、弱い子の味方になるのだ、明るいクラスをつくるのだ」と思ってきたのに、そうできない自分が、教師には不適格なのではないかと思えてきたのです。「弓矢で威嚇射撃をしているような言動をしている自分が恥ずかしいと思うようになった」と言います。

しかし、こんな悩みの真っただ中にいる石川先生はある意味で「自分が見えている」とも言えると思うのです。

そういう見え方をしている教師は、やがて自分の動きの中で、自己改革する動きが生まれてきます。実際、石川先生も次第に、自己反省を繰り返しながら、「ここは意識してでも子どもをほめなくてはならない」と自己を演じることができるようになっていったのでした。

「できない子に優しい教師になる」と、言うのは簡単です。ところが、そのハードルは「自分では跳び越えられないほどの高いもの」に見えるのです。

教師は「どうしてわかってくれないのか！」「なぜ授業中よそ事をしてしまうのか！」と焦る自分をコントロールすることの難しさにぶつかります。焦ってもどうしようもない、事態は悪くなる一方だと思っていても、日々のことになると、「何でわかってくれないのか！」といらだちが増すのです。

しかし、よくよく考えてみると、「私が教師として存在価値があるのは、そんな感情的になる自分を制御して子どもと共に歩くことだ」ということに、気づかされるのです。

一日の終わりに子どものいなくなった教室で、きょうあったことを思い出してみましょう。「できない子、やれない子、反抗的な子、泣き虫な子」など、その日にあったさまざまな光景がよみがえってきます。それを自分自身の在り方にかかわらせながら、「明日こそ、一歩でも半歩でも、できない子、やれない子の味方になる自分になろう」と思うとき、ほんの少しずつですができない子に優しい教師になれると確信します。

2　班活動が子どもを鍛え、気配りのできる子を育てる

仲間の中で生きていくことが、ほんとうに大切になってきています。学校生活を行っていく上で、私は常に子どもたちに班活動に取り組ませながら、切磋琢磨する時と場をつくってきました。

中学校で教師をしていた頃、私は大西忠治先生の書かれた「核のいる学級」「班のある学級」の実践に大変感銘を受けました。そこでは、学級集団の核になる子どもを育てること、そして核にな

っていく子どもが集団生活で、葛藤や苦しみを味わいながらも人間として成長をしていく姿に心打たれました。

核になる子どもは班の班長になった子どもです。その子どもが、初めはそれほど自覚的な取り組みもできないままにいるのですが、さまざまな取り組みをしていく中で核になっていく資質を磨いていくのです。それは初めからできる子であったり、やれる子であったりする子ではなく、大西先生とのかかわりの中でたくましく鍛え上げられていったのでした。

「私も大西先生のように核になる子を育てたい」「班活動を通して小集団活動に取り組みたい」と切に願いました。そして、「大西忠治先生にお会いしてその極意を学びたい」と四国まで行き、お目にかかる機会を得ました。

そのもろもろの話の中で忘れがたいことが二つありました。

一つは、大西先生は生来心臓病を患っていて、生徒たちの先頭に立って導くリーダー性を発揮することが難しかったのです。体育祭の取り組みにしても部活動の取り組みにしても「見ているだけが精いっぱい」だったと言われました。

もう一つは、北海道で教師をやっていた頃、冬の真っただ中に教室のガラスが割れる事件が発生しました。大西先生は「誰がやったのだ」と生徒たちを問い詰めたにもかかわらず、生徒たちは一切口をつぐんで無言でした。そのとき大西先生は生徒たちの集団としての結束力を強く感じたのでした。

そんなこともあって、「このガラスが割れても無言で口をわらなかった集団の力をなんとかもっと前向きな活動に生かすことはできないか」と思い立ち、小集団活動に取り組むようになったと話してくださったのでした。

私は何度も大西先生の『核のいる学級』『班のある学級』を繰り返し繰り返し読み、自分の学級づくりに反映させようと取り組んだのです。

私は授業や日々の学習にかかわる集団として「学習班」をつくりました。班は4名で、班長1名と班員3名で構成されます。班長は立候補制です。そして、班員は「班長が自分の班員になってほしい子を選ぶ」方式でやりました。

そのやり方をすると、どうしても初めのうちは、班長になった子が自分の仲良しである子を選んだり頼りがいのある子を選んだりしがちになりました。しかし、班長の評価は「自分に都合のいい子を選んで、仲良しグループをつくることではない」ことを自覚させていきました。

そして、むしろ班員として選ばれなかった子ども、つまり班長が班員を選ぶときに残りものになりがちな子どもを選んで、その子をだらしのない子、学習に集中できない子から、「がんばる子」に変身させていったときに、班長として高く評価できることを教えていったのです。

4年生の学級を担任していたとき、八代さんという班長さんが、朝の会で「私は村山くんにがんばる人になってほしいと思って一緒にやろうとしたのですが、もうダメです。だから私は班長を降ります」と言ったのですね。

そのことで「八代さんはほんとうに村山くんのことを思って取り組んだのですか」「村山くんはほんとうにやる気がないのですか」などと、朝の会を延長しての議論になりました。

村山くんはそんな問いかけにも黙って下を向いていました。班長の八代さんは泣きながら、「私に力がないから、ダメなんです。村山くんも言うことを聴いてくれません」と訴えました。私はその場を収めて「しばらくみんなで考える時間をつくろう」と言って1時間目の授業に入っていったのでした。

その日の帰りの会になったとき、班長の八代さんが「私は自分中心の班長だったように思います。だから村山くんのことを本気になって考えていなかったから村山くんの心にひびかなかったのかもしれません。だから朝の会でダメだと言いましたがもう一度がんばらせてください」と泣きながら言いました。そのことを受けて学級のみんなは「村山くんはほんとうにどう思っているのか言ってください」と問い詰めたのです。

朝の段階では何を聴いても無言を貫き通した村山くんでしたが、そのとき村山くんは「ぼくがいけなかったので班長さんにも迷惑をかけてしまいました。がんばろと思います」とポツリポツリと話したのでした。「ほんとうにやれるの?」「がんばれるの?」の他の子どもたちの問いかけに、少しうつむき加減でうなずいた村山くんでした。

学級の中でかなりおとなしい班長であった鈴木さんが、「今週の高橋くんは見違えるように掃除をがんばっているのです。だからみんなで高橋くんをほめてあげてほしいと思います」と言うこともありました。鈴木さんは私自身班長としてやっていけるだけのリーダー性があるだろうかと案じていたのですが、鈴木さんの地道な応援で高橋くんが目覚めていったのでした。みんなは大きな拍手をして高橋くんと鈴木さんを賞賛したのでした。

「自分だけがよければそれでいい」という学級の子どもにしたくなかった私は、日常的に班活動を活用しながら、「みんなで力を合わせてがんばる学級にしよう」を合言葉にして取り組んだのです。大西忠治先生の実践手法に加え、広島大学で教授をされていた吉本均先生の「小集団づくりとその活用方法」にも学んで取り組んだことによって、班活動は、私の学級経営になくてはならない手法になっていきました。

昨今、私が学校行脚をする中で、この「班活動」が下火になっているように思います。子どもたちが下校後、班長会を行ったり、話し合って解決できない班の問題を議論する時間を持ったりすることも、今の学校体制では「一斉下校で子どもたちを一部残すことができなくなっている」現状を思うと、厳しいかなあと思っています。しかし、子どもたちの自立、成長を鍛える時と場が必要であることは確かです。

3 「生活記録」を書かせ、「個」に寄り添う指導をする

「生活記録」というのは、子どもたちが家に帰り、学校生活で思ったことや何か個人的に考えたり悩んだりしたことを書き綴り、それに対して担任である私が朱筆を入れる「子どもと教師の交換日記」とでも言えるものです。それは、私が中学校での担任生活でも小学校の担任生活でも終始一貫取り組んできたことでした。

学校生活は集団生活であり、なかなか個別的に話を聴いたり話したりすることが難しいのが現状です。そんなこともあって、個への「寄り添い指導」ということで、私は子どもたちに日記形式で、どんなことであっても、気軽に書いていいよ、自分の悩みや辛いことも書いていいよと言葉をかけて書かせていました。

そして、いつも全員の子どもに提出させるのではなく、それぞれ日を分けて隔日に提出してもらい、朱筆を入れて返却する手法をとっていました。

前にも記しましたが、日本には過去に生活綴り方教育の隆盛がありました。無着成恭先生、国分一太郎先生はじめ亀村五郎先生の実践や理論には私も大きな影響を受けましたが、私の取り組んだことは、授業実践に結びついた形での生活綴り方教育には至りませんでした。ただ、子どもの書い

た記録に朱筆を入れることによって、その子が今何を考え、何に苦しんでいるかをうかがい知る手法として私の実践には欠かせないものになっていました。

ある年の学級（5年生でしたが）に、三宅くんという腕白な男の子がいました。彼は宿題は忘れるし授業中も注意をされることが再三ある子でした。

そんな彼には母親も手を焼いていました。「何であんなにも乱暴したり勉強に熱が入らないのか、反抗期なんでしょうか。私もほとほと困っています」というのが母親の嘆きでした。

そんな彼がある日の生活記録に次のような文を書いてきました。

「きのうからおかあさんがかぜをひいてねています。ぼくはいつもは遊びにいくのだけれど、きょうはなんだか遊びにいきたくありませんでした。それでおかあさんがねているまくらもとで過ごしました。おかあさんが遊んで来たらといいましたが、なんだかおかあさんのそばをはなれたくなくてまくらもとで本を読んでいました。早くなおってほしいです」

私は「あの三宅くんが？」とびっくりしたのです。ふだんはそんなことには無頓着な振る舞いを平気でするし、母親の言うことも聴かないで反抗的なことばかりしていると、母親を嘆かせている子です。その彼がこんなにも母親思いの文章を綴っているのです。

私はさっそく朱書きを入れるとともに、母親に持参してその記録を読んでもらいました。母親は、「あの子がこんなことを書いているんですか」「なんだか腕白で困ったなあといつも思っていたのですが、こんな心持ちになっているとは、……」と、とてもびっくりされました。

私は「お母さん、三宅くんだってちゃんとお母さんのことが心配で心配で……そんな優しさを大事にしてやってくださいね」と言ったことでした。

小野さんという子がいました。彼女がある日の記録で、次のようなことを書いてきました。

「きのうの夜テレビを見ていて中日が巨人に勝ちました。私はとてもうれしくなって、それから風呂に入りました。風呂に入っているとき、ふと思ったことがありました。それは8回に中日の選手にホームランを打たれて逆転されてしまった巨人のピッチャーのことです。あのピッチャーは今頃どうしているかなあと思いました。もう野球をやめたいなあと思っていないか心配になりました……」

私は朝の会でこの記録をみんなに読み聴かせました。

みんなの中には「大丈夫だよ。プロなんだから」という意見と、「そうだよねえ。くやしく思っているかもしれないよね」「でもさあ、一度くらいでは泣かんと思うよ」「だれでもやめたいなあと思うことはあると思うよ」などと、感想を言います。

小野さんはそんなみんなの意見を聴いて「少し安心しました」と笑みをたたえてポツリと言いました。

月山さんは、班長をしています。月山さんの班には平松さんがいます。平松さんは授業中でも寝ているのか起きているのかわからないような顔つきで、黙って過ごしているのです。月山さんの願いは「一度でいいから平松さんが手をあげて発言してほしいなあ」ということでした。

そんな平松さんは生活記録にもあまり熱心ではなく、何も書いてきません。でもある日の記録に次のようなことを書いてきたのです。

「月山さんはやさしいです。私は月山さんの班になれてとてもうれしいです。べんきょうもがんばらないと月山さんにしんぱいをかけてしまいます。がんばろうと思います」

私はさっそく月山さんにこの記録をそっと読んでもらいました。「へえ、ありがとうございます。平松さんがこんなことを書いてくれるなんて、とてもうれしいです」「私は班長だけれど、平松さんは私の班になってうれしいのか嫌なのかわからなかったけれど、この記録を読んで、私も班長としてがんばります」と満面の笑みで言うのでした。

それから、月山さんが平松さんを、休み時間に連れ出して遊びに誘ったり、勉強のわからないことを教えてあげるために、時間を割いたりしている光景をよく見るようになりました。

私は生活記録に綴られた子どもの姿とふだん教室で見る子どもの姿と比べながら、「あの子がこんなことを考えているんだ！」と驚かされたり、「宿題をしてこなかったので先生に怒られたけれどまだ先生は怒っていますか？」と、教師の姿勢を反省させられたりと、その記録は図らずも自らの在り方を見直す機会にもなりました。

生活記録は、休み時間にはあまり話さない子ども、おとなしくてそばに寄ってこない子どもなどと私が心と心をつなぐ時間でもあります。

一斉授業の中で、「個とのかかわり」がおろそかになりがちな日々でしたが、私にとっても「あの子とはきょう一度も話をしなかったけれど、……こんなことを考えて学校に来ていたんだ」「明日こそあの子とも話を聴いたり話したりできるといいなあ」と思わず反省しながら読み返し朱書きを入れる自分であったのです。

今、多忙な現場に身を置く先生方に期待するのは無理なことかもしれませんが、「生活記録でその子の心に寄り添う」ことで、新たな展開が開けてくることもあるんだということをぜひともお伝えしたいなと思うばかりです。

4　一週間に1回、子どもと遊ぶ日をつくる

休み時間に運動場で、子どもたちと球技をしたり鬼ごっこのようなことをしたりして、子どもたちとかかわっている教師を見ると本当に頭が下がります。

私は恥ずかしいことに、若い頃の勤務先が中学校だったこともあり、小学校へ異動した頃には、遊ぶことを怠っていました。いや私よりも年輩の先生でも子どもたちと遊んでいる人はいます。そ

れは実に尊い行いだと私は思うばかりでした。「私も授業で疲れているからコーヒータイムだ」と自己弁護しつつ、どこか、「それではいけないなあ」という悔恨の気持ちもありました。

そんなこともあって、ある年から私は一週間のうちで比較的授業が進んでいる教科の時間を転用して「遊びタイム」をつくりました。

その時間は、ほんとうは授業時間であるわけですが、思い切って「遊びタイム」にしたのです。その日は、多くは木曜日か金曜日の週末に設定しました。月曜日の日に、「今週の遊びタイムは、木曜日の国語の時間です」と言うと「ワアー」と歓声が上がりました。その日は、大方は外で遊ぶことが多かったのですが、教室で行うこともありました。子どもたちの中には運動はあまり好きではないという子もいるからです。

カルタ取り大会と銘打ってやったり、日頃あまり訪れていない図書館で好きな本を読む時間にしたりして、できるだけ多様な「遊びタイム」になることを心がけたものです。

私が校長職にあった頃のことです。小学校の勤務でしたが、給食を終えた後で行う掃除の時間を「火曜日と木曜日は掃除を無しにして子どもたちに遊びタイムをプレゼントしよう」と提言しました。先生方の中には、「給食の後はいろいろ汚れもあるので、やはり掃除は必須ではないでしょうか」という意見もありましたが、私は「これは校長のお願い事項としてなんとか試行してみたいのです」ということで実施しました。

それを月曜集会の「校長先生の話」の中で提案すると体育館に歓声がひびきました。「ただし、条件が一つあります。それは月曜日と水曜日、金曜日の掃除の時間がしっかりやれることを誓ってほしいのです」と。

そんなことでスタートした「遊びタイム」でしたが、養護教諭の先生からうれしい話を聴くことができました。「校長先生、今まで保健室に来る子どもの中にはケンカしてケガをしたり授業に行きたくないと言ったりした子が多かったのですが、そんな子が幾分減ってきています。そのかわり遊んでいてケガをする子が少し増えていますが……」と報告を受けたのです。これはまた思いがけない効果だと教職員一同大変喜んだことでした。

生活科が誕生した頃、「遊びも学習のうち」という考えが広がった時期がありました。私はこの意見にきわめて共感する立場です。「よく遊び、よく遊べ」ではまずいですが、「まさによく遊び、よく学べ」を地で行く実践活動こそ、今は大事にしていかないといけないなあと強く思ったことでした。

5　どの子にも役割を与える気配りを

それぞれの学級では年度初めや学期ごとに「係活動」を決めたりしているのではないでしょうか。

低学年ほど具体的でわかりやすい係活動を先生方は考えています。子どもたちがやる気になる係活動をつくることも教師の知恵の出しどころです。

窓開け係、電気係、黒板係、ゲーム係、新聞係などなど、それぞれの発想でその学年の発達年齢に合わせた係活動をしている教室は、ほんとうに活気があって子どもたちがきびきびと動いています。

私が担任していた頃、「くつ係」というのを決めていました。しかし、靴箱の靴の整頓がとてもしっかりできるようになってきてからは、「そろそろくつ係は、やらなくてもいいのではないかなあ」と提案したのです。子どもたちは怪訝な顔つきになりましたが、「みんなが自分で気をつけて上手に靴を入れることができるようになったから、もうこの学級では要らない係になったね」と子どもたちをほめたたえました。

そんなこともあって、電気係（スイッチを入れたり切ったりする係）や窓開け係などは、だんだん必要がなくなりました。それらは、「卒業した係でみんなの成長した証拠」としてほめたたえたことでした。

係活動とは別に掃除当番活動は、なかなか子どもたちにとって身が入らない仕事の一つです。とくにトイレ掃除の係や外庭の広いところの掃除は誰がやるにしても、難しいというか、うまくやれないことが多いのです。

山田先生は3年生の担任です。新学期のはじめ山田先生は係や当番活動を決めるのに、「先生は、きょう校長先生からこの学級にすごく大事な掃除区域をもらってきたんだよ」と語りかけました。子どもたちは興味津々で「どんなところの掃除？」と身を乗り出して聴き入りました。

「3年生の前にあるトイレの掃除」と山田先生。子どもたちはその言葉に「へえーいやだああ」と言うのでした。「ああ、そうか、トイレは嫌な掃除なんだ！　みんなはトイレを使わないのかなあ」「毎年6年生が3学期になると卒業記念にトイレ掃除をしてくださるじゃないか。それはお礼なんだよね。みんなはそんな姿を見ていると思うけれど……」という山田先生の言葉に、「ぼくにやらせてください」「私に……」と声が上がるのでした。

山田先生の仕掛けは絶妙です。クラスのみんながそれぞれの掃除区域を自覚を持って取り組むような励ましやお話をして、ほんとうに掃除をやることの値打ちを子どもたちに教えていくのです。私はそれを聴いてとても感心したことでした。


係活動や掃除だけではなく、勉強にあまり興味がないというか、日常的に孤立していたり仲間になかなか入れないで一人で過ごしたりしている子どもを、担任教師は見逃してはいけません。

そんな子には「先生のお手伝いやさん」を指名するのです。先生のカバンを運ぶこと、点検ノートをみんなに配布すること、ロッカーの整頓を頼むなどなど、思いつくままにやらせるのです。再度言いますが、そんな子ども（孤立して一人ぼっちでいる子ども）を絶対に見逃してはなりません。

担任の先生はちゃんとぼくのことを見ていてくれる、「ぼくががんばらなくちゃあ」と思うような出番を意図してつくることです。そうやって一人ひとりの子どもに目配りをすることを怠ってはなりません。

とかく気の利く子どもだけに安易にいろいろなお手伝いをさせることは厳に慎まなくてはなりません。ちょっとしたことですが、とても大事なことだと私は思います。

6 長期の休みに子どもに手紙を出す

「暑中お見舞い申し上げます。夏休みも半分以上過ぎましたね。お元気ですか。先生はなんとか元気。でも夏休み初めに計画した仕事がまだだいぶ残っているなあ。がんばらないとと思っているこの頃です。

あなたはどうかな？　たぶんあなたのことだから、それなりにがんばってやっていると思っていますが。だれでも長い休みはなかなか計画通りいかないものですよね。あせらずあわてずお過ごしくださいね。それではあなたが元気に2学期に学校に来ることを待っています。

（それに加えて個別に次のようなことを添え書きすることにしています）

1学期、ずいぶんがんばったよね。ほんとうによくやったなあと感心しました。休みを大いにたのしんでまた2学期はりきって学校に来てくださいね。待ってるよ！」

夏休みお盆の過ぎる頃、私は中学校にいた頃も小学校にいた頃も学級の子どもたちに一筆添え書きをしながら、はがきの手紙を出すことにしていました。

長い休みは誰しもたのしみで迎えるものの、規律正しい生活はなかなかできません。自分が子どもの頃を思い出してもまったくそうだったのですから。夏休みも半分過ぎる頃になると、今頃子どもたちは、自由勉強の進み具合や自由研究のことで頭を悩ましているに違いないと、私の体験からいつも思うのでした。

そんなこともあって、一筆書いて子どもたちにご機嫌伺いをすることが、私のささやかな取り組みになっていました。

そんな私のはがきに返事をくれる子どももいます。

「先生、こんにちは。ぼくは元気にやっています。勉強もまあまあ。夏休み日誌はすでに全部やってしまいました。あとは自由研究だけが残っています。今のところ、あさがおの観察をしています。もう少し夏休みがあるといいなあとも思うけれど、そろそろみんなにも会いたいです。それでは先生ありがとうございました」

こんな手紙が届きます。こんな子は大丈夫です。自己コントロールができているからです。問題は手紙の返事の来ない子です。そんな子には、休みの終わりの頃、電話で様子伺いすることもあります。でもあまり急かさないようにしてきました。とにかく元気でいてくれれば、自由研究がやってなくても宿題の練習帳がやってなくても、合格だというのが私の見解です。

冬休みも年賀状を出すことにしていました。とにかく分け隔てなく子どもたちと向き合う担任でいたいなと思っていました。はがき一枚で子どもたちが笑顔になれるなら御の字です。

中学校で担任生活をしていた頃、3年生の受験前の緊張感のあるお正月を迎えている生徒には、「お正月くらいのんびり過ごしてくださいね」とむしろ慰めるような手紙の添え書きをしたものでした。添え書きのない賀状は冷たい感じがします。そんなこともあって、一筆その子のことを思いながら添え書きしたものでした。

「はがき一枚の効用」は、それぞれの子どもとのつながりをかなり濃密なものにしてくれるというのが私の確信です。子どもたちの「心の元気さ」を期待しての、ささやかな担任としての取り組みでした。

7　子どもの困っていることを見通す努力を

長い休みを終えて学校に出てくる子どもたちの中には、休み前の表情とは大きく変化している子どももいます。そこに成長を感じる私です。なんだか一回り大きくなったような落ち着きが出てきたような……頼もしくなってきた顔つきがまぶしく見えます。

その逆になんとなく元気のない子どももいます。顔つきが妙に暗くなっているような……黙っているけれど、どこかに引っかかるものを抱え込んでいる子どももいます。そんな子どもは、注意深く見守ることが、とても大切な担任教師の仕事になります。

私が5年生を担任していたときに、ある男の子が以前よりも不機嫌になっているように思えてきました。それは教師の直感のようなものです。

本人を別室に呼んで、「この頃どう？」「お母さん元気かなあ」と言ったら急に声をあげて泣き出したのです。彼は「お母さんが入院した」と小声で言いました。〈そんなことがあったのか〉、私はびっくりしました。「今でも入院しているの？」と聴くとこっくりうなずくのです。お父さんは会社勤めですから、毎日の食事の支度はどうしているのかがまず心配になりました。そうしたら「おばあちゃんが九州から来てくれている」とのことでした。

でも母親の病気はかなり悪いようで、それが彼の言葉の端々に感じられました。彼の綴る生活記録には一切そんなことは書いてなかったので、私もどう声かけをしてやったらいいのか思案しました。

彼は言います。

「でも先生、お姉ちゃんがいるからいいよ。泣いちゃったけれど、先生に急に聴かれて泣けてきたのだから」

彼は母親が心臓の病気で入院したこと、それで手術をしたこと、まだその手術でお母さんは苦しがっていること、などを話してくれました。

「悪かったねえ。先生は君がそんなことで大変なことになっているのを知らないでいて」そんな声かけくらいしかできない私でした。

その日はそれで終わりました。それからは、ときどき別室に呼んでその後の母親の容態を尋ねたり毎日の生活のことを尋ねたりしていました。


ある年の6年生を担任していたとき、一人の女の子の母親がガンで亡くなることが起きたのです。それは冬休み間近の頃のことでした。思えば4月に家庭訪問に行った頃、私の応対に出た母親が「私が病気がちなもので、ふたりの子どもに何もしてやれず、……不憫でなりません」と言って涙ぐんでいたことが思い出されました。

私はそこまでの病気であることさえ知らずにいました。彼女は私のそのときの学級では一番の元気者で、授業中も活発な発言をするし、ソフトボールの部活動も三塁を守り、キャプテンを務めていました。

「ごめんね。あなたのお母さんがそんなに重い病気になっているなんて知らなかった」と言って私の手元にあった「幸福行き」の切符を渡したのでした。

本人は「お母さんは長く病気だったし、だからしょうがないもん」と気丈に言います。

「あんたは偉いなあ。お兄ちゃんやお父さんとこれからも元気で過ごしてほしいから、先生あまり力になれないけれど、何かあったらいつでも来て相談してくれよな」と言うのが精いっぱいな私なのでした。

子どもたちはそれぞれの置かれた環境の中で暮らしています。一斉指導が中心の学校生活の中で、一人ひとりに寄り添う担任でありたいと思いつつもなかなか難しい面もあります。そんなときに、私は生活記録を子どもの心境や心情を察する「つて」にしているのですが、なかなか厳しいものがあります。うまくいかないで見逃しているのがほとんどなんですね。

中学校で担任していた頃は、清掃活動の時間に個別に定期的に「雑談」するために、裏山の松の木の下で語り合うことをしていました。中学生は私が語りかけても「別に」「何もないよ」「うるせえなあ」と反抗的な意思表示をする生徒もいましたが、だんだん打ち解けて貴重な「語り合い」の時間になっていました。

清掃活動の指導もしないでそんなことをしていたことも、思えばルール違反なやり方ですが、そうでもしないと教科担任制の中学校ではなかなか個へのかかわりができないままに過ぎてしまいます。生徒の中には将来の夢を語る生徒もいましたし、性への欲求を率直に語る生徒もいました。私は「それは君だけのことではないよ。自分も君たちの頃にはそうだった」と共感的に受け止めたことを思い出します。それだけのことで何も解決にはなりませんでしたが、その生徒の表情が明るくなったことを鮮明に思い出すことができます。

子どもたちはそれぞれの思いの中で、一生懸命生きていると思うべきです。安易な助言はむしろ不信感を招きかねません。しかし、疎遠にしていいはずがありません。

そんな教師自身も担任としての心の揺れの中で、いかに子どもに寄り添う生き方をするかが問われるところであると、今更ながら思うことしきりです。

Ⅳ　保護者の信頼を得る教師になる

保護者との関係を良好なものにすることが、難しい時代になりました。団塊の世代が退職して教師たちが若返ったことも、保護者との関係を築くことに新たな難しさを生み出してきたと言えるかもしれません。

一番注意を払わなくてはならないことは、保護者と教師（学校）が対立関係になってはならないことです。

昔は保護者の学校や教師に対する絶対的な信頼がありました。私などは若い頃、それに甘えて救われたことが何度あったことでしょうか。今はそんな呑気なことを言っている状況ではありません。親は子育てに悩んでいるのです。大きなストレスを抱えていることが多々あります。そんな保護者に親身になって寄り添う教師になりたいものです。

1　親の悩みや願いに寄り添う

最近は教師も団塊の世代の退職によって、うんと若返ってきました。その一方で保護者の担任や学校を見る目は、かなり厳しいものがあります。子育てのストレスを含めて、あたかもすべてが学校の責任であるかのごとく、激しい口調で学校や担任教師をバッシングしてきます。それもかなり一方的で言いがかり的な面も多々あります。若い教師はそんな保護者の対応におどおどし、担任が学校を休むような事態になることもしばしばあります。

担任はまずは保護者のバッシングを一人で受け止めないことです。管理職の先生や学年主任、養護教諭の先生も同席してもらって、一緒に話を聴いてもらうことです。保護者が学校に訴えてくるときはかなり興奮したり厳しい言動で攻めてきたりします。まずは興奮を鎮めてもらわないと話し合いになりません。そして、興奮状態が収まるにはかなりの時間がかかることを覚悟しておかないといけないでしょう。

大事なことは「保護者対学校の対応」という図式になっている訴えを、「親の話をよく聴く」構図にしていくことです。そしてそれが「学校の対応に対する親の苦情なのか」、それとも「家庭内のもめごとなのか」を見きわめなくてはなりません。

前者の場合は、「それは申し訳ないことをしました。しかし、担任はそこまで子どもさんを責めていませんし、きょうなどは明るく私とも話をしてきてくれましたよ」と、よかった面をしっかり伝えることです。

「親が学校へ来る」こと自体が、かなり興奮した上でのことが多いのです。そこで、まずは学校が弁解することよりも「親の話に耳を傾ける」ことが、第一の姿勢になっていることが大切です。

そして、「お母さん、お母さんと学校が対立関係になったら、少しも解決しませんので、お母さんの悩みや願いを私たちも一緒に考えていこうと思います。私たち学校側はお母さんの味方になるつもりでいます。ですから、どうか苦しいお母さんの胸の内をお聴かせください」とお母さんの側に意識して立つことを私は奨励します。

そこに至るまでにかなりの時間を費やすとは思いますが、なんとか早く解決しようと学校側が焦らないことです。あわてないことです。

保護者の側が興奮状態にあると、なかなか話し合いも進展せず決裂することも多々あります。しかし、学校側は保護者に寄り添う姿勢を演じることです。保護者の苦悩の胸の内を吐きださせ、「申し訳なかったですね」「お母さんにそんなにまでご心配をおかけしてしまって、ほんとうにごめんなさいね」と。

このように「演じる」ことができるだけで事態はずいぶん変わってくると思います。

ただそれでも保護者側の理解が得られず「教育委員会に訴える」「県教委に電話する！」となったら、「お母さんがそう思われて納得できないようでしたら、そうしていただいても結構です」と見切りをつける手もあります。

私などは、校長職にあった頃、そんな決裂状態になることもしばしばありました。

「お母さんの気が済むなら訴えていただいても結構です！」と落ち着いた口調で、毅然と言うべきです。

保護者が電話してきて、大きな問題になったことはあまりありません。学校側は飽くまで「落ち着け、落ち着け」と教師自ら言い聴かせ、とにかく焦らない、あわてないことです。

2　期待感ばかりでは子どもは息苦しくなることを伝える

保護者の子育ての中で一番多いケースは、「そんなことをしていたら、中学校に行ってもついていけないよ！」「高校に入ることができないよ！」と、子どもの将来を否定的に決めつけることです。

それでは子どもたちはふて腐れたり開き直って親の言うことも聴かなくなったりします。反抗的な態度を平気でとるようになり、親子関係が破綻し暴力沙汰になることもしばしばあります。

「昨夜親があまりうるさいので殴ってやったら、文句を言わなくなった！」と。こうなると事態は破滅的です。

大切なことは、子どもを期待感ばかりで追い込まないことです。それを、親に伝えたいですね。「今」を大切にして「あんたが元気で学校へ行ってくれるからうれしいよ」「お母さんがあなたくらいの頃はもっと勉強もできずに苦労したから、あなたのがんばりには涙が出るくらい喜んでいるよ。ありがとうね」と演じるのです。母親を含めた保護者が「演じる」ことで、子どもは落ち着いて生活していくようになっていくことを伝えるべきです。

「子どもを責めては絶対にダメですよ。反抗的になるだけですから」と念押ししたいですね。とくに将来のことを不安視するような親の姿勢は、子どもを開き直らせて、少しもいい方向に向かわせません。そのことを保護者と共感的に受け止め、互いに支え合える関係になりたいです。「先を見過ぎる子育てをしない」ことを肝に銘じる親になりたいものです。

3　知的な面だけでなく人柄を大切にする

親は学校の成績が気になります。「そんなことをしていたら、高校に行けないよ」と、何度も言うようですが、この殺し文句は親は口が裂けても言うべきではありません。

確かに中学校へ入学すると中間テスト、期末テストの成績が点数化されて順位を出す学校もあります。私自身、そのやり方は、下位の生徒にとっては辛くて希望を失う事態になりかねないと思っています。「順位競争」に生徒を追い込むことは、決して生徒の意欲を喚起することにつながらないと思っています。

「できる、できない」の次元ならともかく、「やれない、やらない」状況に多くの中間から下位の生徒を追い込んでいく結果になることは明らかです。

今こそ、学校とくに中学校は、「人柄」も、大事なその子の才能だと評価すべきです。世の大人たちが生きていくのに、「学校時代の成績」がすべてだということは決してないはずです。いや働く社会人になれば、成績よりも人間性です。

端的に言えば、人柄がよければ、「世渡り」はそんなに難しくありません。成績のことばかりにこだわる親のもとでは、子どもは反抗的になったり引きこもりになったりして、絶対にいい方向にはいかない生き方をする大人になってしまうでしょう。

現在は核家族で親子だけの生活になりがちです。そんな親にとって一番大切にしたいことは自分の子どもの「持ち味」を見つけることです。親の願いや希望で子どもをがんじがらめにしないことです。

成績や人柄についても、マイナスのことばかりを指摘する「うるさい親」になっては決していい方向に子どもは育っていきません。子どもというのは「思うようにならない存在」だと心に強く意識することです。むしろ「あきらめ」から出発する子育てこそが、子どもが「希望を持って育つ環境」になるのではないでしょうか。それは親になっている自分が子ども時代を振り返れば、自ずと実感できることです。

4　アクセルばかりで子どもを追い込まない

何度も言うようですが、将来を見越したような言い方をして、子どもをアクセルばかりで追い込まないことです。そんな子育ては子どもが暴走します。

「たまにはゆっくりしなよ」「おまえががんばっていることはお父さんもちゃんと知っているよ。焦らないでやればいいよ」と、むしろブレーキをかけるような言葉がけに子どもは、穏やかな気持ちになります。そして、バランスのいい感覚の持ち主として成長していきますと、保護者に伝えるべきです。「学校は成績を上げるところだから、そんな呑気なことを言ってはおれない」などと教師が思わないことです。

今は塾通いが普通になっています。家庭教師もつけて子どもを追い込んでいる保護者も大変多いと思われます。しかし、そのことがバランスのいい人間を育てることにつながっているのでしょうか。私にはそうは思えません。成績一辺倒の子育て方針ではどこかでバランスが崩れ、子どもは耐えきれなくなって、引きこもりや反抗的な非社会的な生き方をするようになっていきます。

「学校の教師で担任である以上、成績のことを抜きにして親に語ることはできない」などと思っている担任教師はいないでしょうか。何度も言うようですが、成績のことは、保護者に言って解決する問題ではありません。

確かに教師は「成績」を上げる立場にあります。しかし、それが、保護者を追い込むことになってはなりません。教師は、今一度「子どもの立場」「親の立場」を視野に入れながら、何をすることが、素直ながんばりを引き出すことができるかを考えるべきです。くれぐれも教師がアクセル一辺倒の指導にならないことを肝に銘じて仕事をしてください。

〈保護者と教師をつなぐ知恵とワザ〉

1　担任教師としての願いと信念を伝える

＊学力だけが教育の目的ではない。やってはいけないことを自己制御できる子どもにする。

2　家庭訪問、個別懇談等で保護者の願い、希望、悩み、心配事をきちんと聴く

3　よいこと、ほめることは電話やメールでもいいが、心配事や困ったことは家庭訪問する

＊「あなたのお子さんのことで困っています」とは言わない。「あなたのお子さんのことで心配しています」と言う。

4　親からの相談事や苦情には、電話や連絡帳ではなく、直接会って顔を見て話し合い・聴き合う

5　親の相談事や苦情には、傾聴と共感を旨とし、親身になって応じる

6　学級通信には、今学校で取り組んでいること（学習内容や授業の中身）を記し、協力してほしいこと、依頼したいことは率直に書く

7　授業参観は廊下で参観するのではなく、教室に入って、子どもと一緒に勉強する姿勢になってほしいことをきちんと依頼する

8　病気やケガをしたら、すばやく親に連絡できる緊急連絡網を完備する

9　通知表や保護者会（個別懇談）では、よいことばかりを並べるのではなく、途中経過として直したいことや改善したい取り組みを率直に話す

10　子どもを学校で強く叱ったときなどは、下校までにフォローを忘れないことと、保護者にもどういうことで叱ったか（注意したか）説明し、協力を得られるようにする

11　教育活動はほめて育てることが基本であるが、ときには厳しく叱責することもあることを事前に理解してもらう

12　親の顔色をうかがって教育活動に手加減を加えることのないことを誓い、毅然とした教師の姿勢を示す

13　病気で休んだり家庭都合で休んだりする場合も含めて、学校を休むことの連絡は必ず密にすることをお願いする

Ⅴ　仲間と学び、仲間に学んだ日々

私の教師人生の後半は、若き仲間、ベテランの教師たちに大いなる刺激と覚醒を得た日々でもありました。

ときには汗びっしょりになり、苦楽を共にしながら泣き笑いした日々であり、ときには心から共感し感動した日々でした。

また現役の頃から少しずつ他校に招かれて、授業研究のお手伝いをすることもありました。しかし、お手伝いとは名ばかりで若くて俊秀な教師の実践に驚嘆することもしばしばありました。

それは現職を退職してからも続きました。とくに退職してからの学校行脚は、私に教育の営みの奥深さとやりがいを強く教えてくれるものでもあったのです。

ここでは、そんな現職の頃に出会った「悩みながらも成長する手ごたえに歓びを感得する教師たち」や退職してから訪問した学校で出会った「地道に研鑽する教師たち」の姿に、私自身が感動し学んだことを、一コマ一コマ私の感じたままに綴っていきたいと思います。

1　窮地に陥った二人の教師

私は教頭職になったとき、教師たちと苦楽を共にして、学びの応援をしたいなと思っていました。そんなこともあって、はじめのうちは、廊下から垣間見える教師や子どもたちの動きを見ていました。

しかし、それではほんとうの意味で「苦楽を共に」することにはなりません。ある朝、朝の会で「先生方にお願いがありますが、先生方の授業を教室で拝見していいでしょうか」と問いました。教師たちは誰も返事をしませんでしたが、私はそれを一つのきっかけとしてそれから教室に入るようになっていったのです。

それから2週間ほどしたところ、一人の女性教師が私のところにきて、「教頭先生お願いがあるんですが……」と神妙な顔をしてきたのです。

「実は先生がこの頃教室に入ってこられるのですが、先生が入ってこられるととても緊張するのです」

「みんなが授業がやりにくくなったと言っています」

と言いました。

「何を言っているんだ！　せっかく応援したいというのに……」と私はムッとしましたが、ここは我慢と思って教室訪問を中止しました。

思えば私にも反省点がいくつかあるようにも思いました。何よりも私が教室に入るときの顔つきが難しい顔つきになっていたり、明るさや笑顔がなかったりしたことが、授業をしている先生方には、辛い思いをさせたのかもしれないと反省もしたのでした。

そして、授業参観を受け入れられるには、もうしばらく時間がかかるだろうと私はあきらめていました。

そんなある日、「たいへんです！　子どもが2階の教室の窓から飛び降りました！」と若い松井先生が飛び込んできました。

私はびっくりして外へ出ました。確かにひとりの子どもが花壇の花の上にふさっていました。ところが幸いにも花壇の花が繁茂している上に落ちて、打撲一つ負っていませんでした。「よかった、よかった、ほんとうによかった！」私は2年生の彼を抱きかかえながら保健室に走ったのです。

2年生の彼は山口くんと言います。彼は黙って保健室の簡易ベッドに横になりました。

思えば、松井先生の教室の廊下を通るとき、気になることがありました。教室の中は大騒ぎのようなのに、窓はピシャリと締まっています。中で何が起きているのか私はとても気になりながら、先般のベテランの女性教師の言ったことが気になって教室に入ることができなかったのです。

その日の夕刻、飛び降りた山口くんを家に送り届けながら、事のあらましを松井先生が両親に詫びながら話したのです。それを私は聴きながら、（これは大変なことが松井学級に起きている）と思ったのです。

送り届けた後、私は松井先生に、「悪かったねえ。あなたが子どもたちの対応にそんなにも苦労をしているなんて知らずにいて」と話しかけたのです。

松井先生はその言葉にワッと泣きながら「私がダメなんです。子どもたちのうち初めのうちは男子が山口くんを先頭に言うことを聴かなくなりました。そのうち黙っていた女子も反抗的になっていったのです」

「もう私には今の学級を担任する自信も資格もありません」

松井先生は嗚咽しながら、私に話すのでした。

私は松井先生の泣きながら話す辛さのこもった話を聴き続けました。そして「松井先生、どうだろうか、明日から私がしばらく教室に毎日用事のない限り行ってもいいかなあ」と問いかけたのです。

「すみません。お願いします」松井先生はほんとうに懇願するように私に頭を下げました。私は校長先生に事のあらましを話しながら、明日から私がしばらく教室に通って、様子を見させてもらうことをお願いしました。

校長先生は「ごくろうさまだね。ほんとうに大怪我にならなくてよかった！　力になってあげてください」と言いました。

私は確かに今回のことは大変なことに違いないけれど、松井先生はまだ2年目の先生だから、これから私もお手伝いをしながら、少しでも良くなるようにかかわっていこうと思ったのでした。

翌日から、私は松井先生の学級に「おはようございます。みんな元気？」と朝の会が始まる前から行きました。そして、授業中も子ども机に座って一緒に授業にも参加したのです。

確かに教室にいると、立ち上がって動き出す子、隣の子と言い争いを始める子、授業が始まっても教科書も出さない子など、危うい光景が至る所で起きていました。

私はそんなとき、松井先生に代わって「みんな席に着こう。さあ、先生がまずは本を読むからみんなも立って本を持って読むよ」と始めたり、算数の時間では、松井先生と私の二人で机間巡視をして丸つけをたくさんたくさんしました。そんなこともあって、子どもたちも本当に少しずつ少しずつ落ち着いていきました。

毎夕、私は松井先生と雑談しました。初めの頃の松井先生には、ほんとうに悲壮感が漂っていました。しかし、日々そんなことを続ける中でしだいに松井先生の顔つきに笑顔の垣間見えるときも出てきました。

「教頭先生、私は教師に向いていないのでしょうか」と初めの頃は涙するばかりであった彼女が、「きょう、前田先生が来られない3時間目に誰も席を立たなかったので、子どもたちに『ありがとう。先生うれしいよ』と言って一人ひとりと握手をしてしまいました」と語る日も出てきたのです。「すごいじゃないか、私もうれしいなあ。明日教室に私も行ってほめちゃおう」と二人して大笑いすることもありました。

そんな頃、6年生の男性教師である松村先生の学級でも、トラブルが発生していました。「子どもたちが先生の書き順が違う」と言ってわらったり、「教え方が下手だ」とバカにしたりするのだと、松村先生が私に相談に来ました。

松村先生は教師歴6年目で、体育の教師。長身でがっしりした体躯の教師です。彼は気持ちがとてもやさしい教師でした。だから、生意気盛りの6年生に手こずっていたのでした。そんなこともあって、私は松井先生の学級に行くと同時に、松村先生の学級にも行くことにしました。

松村学級の子どもたちは2年生の子どもと違って、「なんでオレたちの学級に教頭先生が来るのか」「松村先生が頼りないので、教頭先生が見張りに来るのか」と疑心暗鬼の空気に満ちていました。

しかし私は、「そんなことはない。みんなが6年生として中学生になれる勉強ができているかを見に来たのだよ」と話して、なるべく抵抗勢力の子どもたちを叱らずに、松村先生の授業を参観することを基本にして過ごす日々が続いたのでした。

夕刻の雑談は松井先生と松村先生の3人で再スタートです。明日の授業の主な教科の教材研究をしたり、困った子どもの対応をどうしたらいいか、お互いに知恵を出し合って語り合ったりする日々が続きました。

「松村先生と松井先生が教頭先生と相談事をしている」「松井先生の学級が落ち着いてきて授業ができるようになったようだ」「松村先生の学級の子どもたちの顔つきがおとなしくなってきた」などという噂が学校中の先生方に広がるには、時間がかかりませんでした。

実は、二人の先生の学級の授業が成り立たなくなっているという噂は、私が知るよりも先に校内の先生方には広まっていたのです。

そういう意味で私はアンテナが低いというか、鈍感というか、……それでもなんとか一ヵ月二ヵ月と過ぎていく中で、「二人の先生の顔つきに笑顔が出てきている」「教室が静かになって、授業がやれている」「6年生の悪ガキがおとなしくなってきている」などなど、先生方の間に噂となって広がっていました。

松村先生は「私は教頭先生に自分の情けないことを話すと気持ちがらくになります」と言ったり、松井先生が「この頃、夜よく眠れるようになりました」と話してくれたりして、私としては何ともうれしい心地になりました。

そんなこともあって、他の学級でも私が授業参観することを、抵抗感を持って受け止める先生がいなくなりました。私は「雨降って地固まる」ではないけれど、学校が私にとって居心地のよいものになってきたことが何よりもうれしいことでした。

多くの先生方が雑談を好んで、語り合ったり愚痴を言い合ったり……しまいには大笑いして、「まあ我慢我慢で乗り切りましょう」と明るい笑顔で語る先生方の井戸端会議を聴くと、「やっと学校本来の営業である授業や学級づくりについて、みんなで明るく話題にすることができるようになってきたなあ」と感慨深く私は思うようになりました。

早いもので、そんな頃には年の暮れを迎えているのでした。

2　子どもに寄り添うことの難しさ

運動会も終わった5月下旬から、瀬戸先生は担任している3年生の子どもと一緒に「学区たんけん」を実践していました。そして、学校近くで「すいか」を大々的に栽培している山田さんの畑をたんけんさせてもらい、「山田さんのすいかづくりのひみつ」を探ろうとしていました。すいか畑をたんけんするのは、三度目になっていました。その三度目の「たんけん」をする中で瀬戸先生が綴った記録を読みましょう。

「6月○日　今回で3回目のたんけんである。おじさんはニコニコして手を振って迎えてくださった。畑に着くなり、子どもたちがしたことは、『おじさん、すいかちょうだい』だった。畑のあちこちに摘果したすいかが落ちている。子どもたちはたんけんすることもしないで、畑を走り回り、すいかを集め出した。ひとりに5~7個。いや16個くらい集めた子もいた。そしてもっと大きなすいかを探し出し、それを自分のものにしようと走り出した。

一通りすいかを集め終わると、みんなでそれを集め、畑の広いところに積み始めた。『先生、見て見て……私こんな大きいのをもらっちゃったあ』『先生、これ学校へ持って行っていい?』『ぼくなんか12個ももらっちゃったあ』『割っていい?』山田さんの動きには目も向かず、落ちたすいかばかりに目が向いている。だんだん私は怒れてきた。『あんたたちなにしに来たの?』『おじさんのやることを見るのじゃなかったの?』『藁まで踏んで、くしゃくしゃにして、きのう話し合ったことでわからなかったことを見たの?』『青いホースがあったって言ったけれど、それちゃんと見つけたの?』と怒鳴ってしまった。

私がそう言っても子どもたちは、おじさんからもらったすいかを大事にしている。ハンカチを出して包んだり、入れ物の無い子はズボンの中にいれたりシャツの中に入れてまでして、学校に持ち帰ろうとしている。私はこのたんけんは失敗だったと思った。きょうは案の定、プリントにはなにも書かれていなかった。」

夕方家に帰る車の中でも、瀬戸先生には、きょうのことが腹立たしく思い返されました。しかし、夜じっくり考えてみて、瀬戸先生は「あっ」と思いました。どうして子どもたちがすいかを積み上げたとき、「すごいねえ」の一言が言えなかったのだろうかと思い当たったのです。

子どもたちが心を動かされたのは、おじさんでもなく、すいか畑でもなく、まさしく「捨てられたすいか」であったのです。子どもたちが心を動かされたということは、何かがあるはずだと考えるべきだったのです。「私は子どもたちに『捨てられたすいか』をもっとよく見せるべきだったのだ」と思い当たったのです。

次の日、瀬戸先生は子どもたちに「見つけてきたこと」を発表させました。そのとき、みんなが拾ってきたすいかのことを話させました。そうしたら、「大きさは大きいものも小さいものもあった。だから、大きさで捨てているのではないみたい」「みんなで拾ったすいかは１５３個だったけれど、畑全体では１０００個くらいあった。もったいない」ということなどが出てきて、自然に摘果の意味について考えていくことになったのでした。

私は、瀬戸先生の実践を参観しながら、教師が成長するということは、こういうことだと思い至りました。

私たちは教材研究をして、授業に臨むとついつい力が入ります。子どもたちが自分の思い描いたイメージ通りに動くと満足し、そうでないとイライラし、腹の虫がおさまらないことのなんと多いことかと思うのです。教師は自分の考えが最善だと判断し、自分の考えの枠に入ってこない子どもを見ると、焦ってしまったり叱りつけたりしてしまうのです。

実践から少し離れて冷静に考えてみれば、どの教師もそんなことはわかっているつもりなんです。ところがいざ実践に入ると、子どもの動きを意味ある動きとして見る目を失ってしまうのでしょうか。

瀬戸先生のよさは、腹が立って腹が立って仕方がない自分に、「あっ」と気づいて、自分の在り方を見直したところです。実践へのむなしさと何とも言えない腹立たしさが交錯しながらも、それを家に帰る車の中でも考え続けたことです。いや瀬戸先生は意識して考えたというよりも、気になって気になって仕方がなかったと言うべきでしょうか。「あの子たちがちょっとも動かないのだ」と子どもに責任を転嫁している教師ではなかったということです。

子どもに寄り添うということは、事によったら、教師が自己否定していくことであるのかもしれません。自分が自信を持って取り組んでいることが、音を立てて崩れ落ちていくショックを感じることなのでしょうか。しかし、それを乗り越えない限り、ほんとうの意味で子どもを生かす授業を展開することは不可能であることを、瀬戸先生の実践に学ぶことができます。

「一人ひとりを生かす」という美しい歯切れのよい言葉も、このことの闘いの中で見えてくるように思えます。

3　天野さんとゴミ拾い

4年生を担任している福井先生は、社会科のゴミの学習で「子どもたちがどう学んだかということよりも、私自身の人生観が少し変わったと言ったらオーバーでしょうか」と、静かに語りました。

今年度、福井先生はゴミの学習を始めるにあたって、市役所のゴミの仕事をしているおじさんたちよりも、もっと大事にしたい人との出会いを考えていました。それは毎朝6時頃から学校の前の道を歩いてゴミ集めをしている天野さんの存在でした。今年79歳になる天野さんは会社を退職してしばらくは、嘱託勤務や自治区の仕事をしていました。その後一念発起して、道路のゴミ拾いを始めたのでした。

天野さんの手には、大きなゴミ袋が三つあります。缶を入れる袋、燃えるゴミを入れる袋、その他のゴミを入れる袋です。

朝6時から1時間かけて実に足早に歩いてゴミ拾いを行うのです。福井先生は、ゴミ問題は市役所の仕事ではない、人間がこの地球に住ませてもらうための環境問題そのものだと考えていたのです。そのためには、どうしても天野さんとの出会いが子どもたちにとって必要なんだと思ってきました。

家のゴミ、学校のゴミを扱う中で、町のゴミが問題になりました。福井先生は「しめた！」と思いました。さっそく朝早くゴミ拾いを行っている天野さんをビデオで見せました。「あっ、このおじさん、見たことがある！」「私も……」そんな声も聴かれました。

そして天野さんとの出会い。

天野さんは、子どもたちの「どうしてゴミ拾いをするんですか」「やめたいと思ったことはないですか」「うれしかったことはありますか」などと出る質問に丁寧に答えてくださいました。

その夜、渡辺あいさんから福井先生に電話がありました。

「先生、明日の朝、天野さんとゴミ拾いを一緒にしていいですか」と。

福井先生はハッとして「お母さんはいいって言ったの？」と聴くと「うん」と彼女。

福井先生がびっくりして事情を聴くと、どうやら渡辺さんだけではないのです。

「八島さんや伊藤さんも一緒に朝6時にランドセルを背負って登校し、その後天野さんと一緒にゴミを拾いたい」とのことです。

福井先生はうれしさ半分ですが、こんなにも早く子どもの動きになるとは……と驚きました。

天野さんと子どもたちとのゴミ拾いは3日間続きました。もちろん福井先生も一緒です。子どもたちがそこで大きな学びをしていったことは、その後の天野さんへの子どもたちの手紙に共感的な思いとして強く現れていました。しかしそれ以上に福井先生にも大きな学びになっていったのでした。福井先生は次のように実践を振り返りながら書いているのでした。

「私の父と天野さんは、ほぼ同じ年齢だ。しかも職場も非常に近いところにいたようだ。（天野さんには話してないが）共に戦争に行っている。が私の父は死んでもう7年くらいになろうとしている。役職としては、私の父の方がずっと上だったような気がするが、どちらが幸せな人生だったのだろうか。私の父は私の子どもの頃ずっと帰りが遅かった。煙草の量も多かった。天野さんは79歳にもかかわらず体も丈夫で健康だ。天野さんは『徳を積んだおかげ』なのかもしれないが、私も40歳を少し越した年齢になった。人生80年とすると、折り返し点を越し、人生のゴールが少しずつ見えるようになってきた。天野さんを見ていて『あんな人生もいいな』と思った。

6年間休まずゴミ拾いをするなんていうことは、並大抵のことではないと思う。私もそう簡単に

『私も見習いたい』と言えることではないと思う。子どもたちのゴミ拾いは臭いから嫌だという気持ちとあわせたとき、天野さんのすごさが子どもや私に押し寄せてくる。

ちょっと偉そうなことを書くが、今年中教審の答申で、『高校から大学への飛び級』制度が新設されるらしい。そんなハイスピードで進んでいく子が日本に必要なのだろうか。天野さんみたいに、みんなが嫌う仕事をゆっくりゆっくりやっていく人間こそが今必要なのではないだろうか。

天野さんの拾っているゴミの半数以上は、煙草の吸殻である。自動車から捨てられる煙草である。飛び級で大学へ入ったエリートが、官庁や会社の大型車で窓からゴミを捨てるようにならないか。そうならないにしても、天野さんみたいな人が存在していることを意識できるだろうか」

「教えるとは学ぶことなり」という言葉があります。福井先生は、子どもにどう教えていくか、何を学習させていくかと言う前に、自らが大きな体験学習を実践していったのです。

「ゴミ問題が子どもたちに切実になってきたというよりも、私自身に切実感を持って迫ってきました」「今まで社会科は、社会の構造とか原理原則を学ぶ教科だと思っていましたが、そうではないですね」「人の登場がキーポイントになりますね」「この頃社会科に興味を持つようになってきました」

福井先生は、うれしそうな顔でしみじみと語ってくれました。

4　教師の悩みを聴く

桜田先生は、中学校の教師になって5年目になります。中学校に勤務する前は小学校に3年間いましたが、理科の教師が足りないということで異動になったのでした。

もともと理科は専攻した教科ですから、その授業をすることにそんなに抵抗感もなく、むしろ理科の授業で実験や観察を工夫してやっているとそれはほんとうに有意義な時間を過ごすことができて、「中学校の理科の授業で、生徒たちが理科好きになってくれたら、いいなあ」といつも思いながらやっていました。

理科は興味関心教科の代表です。そんなに学力がなくても、その単元によっては、生徒の中に身を乗り出して実験に参加してくる子もいます。それが桜田先生にはたまらなくうれしいことでした。

しかし、桜田先生には、中学校教師になって、ほんとうにどうにも納得できない悩みというか、辛さを味わっていました。それは、中学校には学期ごとに中間テスト、期末テストがあります。それは自分が中学生の頃にもあったことですから、そんなに違和感があるわけではありません。しかし、今の勤務している学校では、中間テストも期末テストもテストの点数で順位を出すのです。

「ぼくは、この順位を出すことにすごく抵抗感があります。

順位は最下位まで出すのですね。そんなときに思うことですが、上位の順位をとる生徒はそれなりに切磋琢磨している雰囲気はあります。しかし、下位の生徒はもう打ちひしがれているのですね。あきらめているというか、ほったらかしにしています。

中間位をとっている生徒も含めて、せっかく理科の教科に身を乗り出して興味関心を高めてくれてきたかなと思うのですが、またテストのたびに、自分の学力にあきらめの気持ちを出して投げやりになるのですね。

順位は9教科と5教科の順位が別々に出されます。そして上位10番までは、『学力賞』を校長先生から集会時に授与されます」

「前田先生、私たち教師は生徒たちに、やる気を出させたりがんばりを引き出したりすることが大きな仕事ではないでしょうか。なのに、実際は順位を出すことで上位の生徒はまだそれなりに競い合うためのやる気があるかもしれませんが、下位の生徒はまったく授業に興味関心を抱かなくなるのです。

私たち教師は生徒のやる気や能力を高めることが仕事のはずなのに、真逆なことをしているのです。下位の生徒の中には屈辱的な順位に自暴自棄になったり、自分の不甲斐なさに授業というか勉強にあきらめが出てきたりしてしまうのです。

私たち教師は、生徒たち全員がそれなりにやる気を出して、興味関心を高めて学んでいくことを切望しているはずなのに、現実は『ダメだし』をしているのです。こんなことをしていていいのでしょうか」

桜田先生の表情は重く真剣さを出しながら私に語りかけてきます。私はその話を聴きながら、かける言葉が見つかりませんでした。

確かに世の中に出ても、競争主義はあります。そんなことを思えば、下位の順位になってもそれに耐えていくことで打たれ強い人間になっていく試練を与えているのかもしれません。しかし、打たれ強い人間になる前に「へとへとになって、自分はダメ人間だ」とあきらめとも投げやりとも思える行動に移る生徒も出てくるはずです。実際桜田先生の学級にも英語や数学などの授業に見向きもしない生徒がすでに出てきているのです。

私は、いつしか自分の同級生のある男子のことを思い出していました。

彼は、今は庭師になっています。家々の頼まれた庭木の剪定をしてそれを生業にしながら、一家を構えて仕事をしています。彼は、あるとき私にこんな話をしてくれました。

「オレは勉強もできんかったし、そんなこともあって不良グループに入ってしまって投げやりな日々を送ってきた。

いくら先生ががんばれと言っても、そんなことは端からあきらめていたし、やれるはずもないと思っていたさ。

みんな高校へ行くことでそれなりに張り合いを持っていたなあ。しかし、オレにはそんな行ける高校もなかった。

そんなときに、親戚の庭師をやっている叔父さんに『おまえも庭師をやらんか』と言われてしぶしぶこの仕事に就いた。初めはやる気などなくて、ただ大将の言われるままに庭木の後片付けをしたり、言いつけられた木の剪定をしたりしていた。

しかし、年数が少しずつ経つうちに、だんだん仕事を覚えて、大将から『おまえ松の剪定をやってみんか』と言われた。そのときはうれしかったなあ。

オレでも松の剪定がやれるのか。大将が認めてくれたことがうれしかったなあ」

彼は回顧するように遠くを見つめながら私に語ってくれたのでした。

「前田くん、おまえは教師だよな。そんなお前が教えている子をオレみたいな悪ガキにしないでほしい。オレはたまたま叔父に拾われてなんとか今がある。しかし、立ち直れずにいまだに暴走族のようなことをしている昔の仲間もいる。

どんな人間にもどこかいいところがあるのではないか。それを見つけるのが教師の仕事と違うか？」

彼のそんな語りかけに、私は言うべき言葉を失っていました。

私も桜田先生が悩んでいることに本気になって悩んだことがあっただろうか、と反省するばかりです。学校の方針で順位を出すことを当たり前のように平気でやっていた自分ではなかったのかと。

庭師になった彼が「どんな人間にもどこかいいところがあるのではないか。それを見つけるのが教師の仕事と違うか？」と言うとき、ほんとうに下位の生徒に寄り添い彼の持ち味やよさを見つけ出す自分でなかったことを恥じるのです。

順位では出せないその生徒の「持ち味や長所」を見つけて、自信を与えてこその教師の仕事だと思ったことでした。

私は懺悔のように桜田先生にそんな自分の恥さらしのような話をしながら、桜田先生が「そうですね。順位では出せない持ち味や長所を見つけることが私の担任教師の務めですね」と言うのを聴いていました。

5　教師の精進に学ぶ

「ぼくは中学校人間かもしれない」

これは武田先生が自らの授業する力量の貧弱さを嘆いて、何度か私に語ってくれた言葉です。

今の小学校に来て、自分よりもはるかに若い教師が「子どもたちの活躍する授業」をすることに、驚きよりも武田先生は劣等感を抱き、冒頭の言葉に逃げていたのでした。

武田先生は、中学校に長く勤務していました。部活で鳴らし、生徒たちをギュウギュウ搾り上げていくことにやりがいを感じていたのでした。それは硬派の教師としての武田先生の自負でもありました。30も半ばを過ぎて小学校に異動して、そこで参観した多くの教師たちの授業に、自分は場違いの学校に来たと強く実感したのです。それは「早くこの学校から逃げ出したい」という気持ちでもありました。

しかし、武田先生のすごさは、それで終わることがなかったことです。武田先生の毎週の週案簿（実践記録簿）には、そんな武田先生の思いとは別に、日常的な子どもの動きの中にキラリと光るものを見つける営為が綴られていたのです。

「5月○日　森、岩川が算数ができないと思っていたがやらないで放置している。体育の授業で倒立を行う。中根、小川、倉地が苦もなくやる、男子には壁際倒立をさせた、少しヒントになる。国語で中根が音読をする。はじめて。大いにほめる。

5月×日　社会で『米作りには金がかかる』と川瀬、それに対して柴田は『共同で機械を購入しているからそんなにお金はかからん』と親戚の例を持ち出す。思わぬ展開になる。授業が終わって地震の避難訓練で『危険物を避けるために頭に何を乗せるか』で意見が分かれる。それぞれの工夫で行わせる。吉田、加藤の発想がおもしろい。彼らは授業でもっと出てきそうだ。」

武田先生はメモ風に毎日毎日根気強く綴りました。それは子どもを上から目線で見ていた武田先生が子どもの中に入り込んでいく姿勢でもあったのです。このメモ綴りはその後2年間も続くことになっていったのでした。

私は、それに対して次のようにコメントしました。

「武田先生がとにかく2年間一度も休むことなく書き綴ってきたことは、それだけで頭の下がる思いでいっぱいです。この2年間武田先生の記録は子どもたちの可能性をとらえる目になりつつあります。そして何よりも、子どもたちの動きをしなやかで澄んだ目でとらえようとしていることです。このような教師の姿勢が子どもたちのがんばりに変化を与えないはずがありません。武田先生の学級がこの頃大きく変わってきていることの秘密がここらあたりにあることは間違いありません」

と、うれしさを込めて綴ったことでした。

武田先生は自分の授業の下手さ加減を自覚していました。めざす授業には程遠い日々の授業にいらだちをぐっと飲みこみ、それから脱皮したいと胸に秘めていたのです。

そして、子どもを見つめる目線を低くして、子どものよさを感得して自らの授業を改善していこうとしていたのです。

私（校長）は武田先生としばしば語り合いました。そこには学年主任としてのプライドを脱ぎ捨てたひとりの真摯な教師の並々ならぬ決意を見たのでした。

6年生を担任していたとき、武田先生は「今の学級で中根さんが動き出してくれると学級が変わってくると思うのだが」が口癖になっていました。

その中根さんは、控え目で自分を押さえているようでありながら、武田先生はその子の可能性を見通していたのです。

そんな中根さんが「私はこの頃の自分が好きになってきました。それは授業で発言できるようになってきたからです。急に発言できるようになってきたのは社会の授業からです。自分の気づいたことをその日はなんとなくすらすら言う気になったのです。気づいたことや思ったことを語らう自分が勉強しているなと思えるようになってきたのです。前から苦手だった算数もなんだかがんばれる気になってきました」と日記に書いていました。

武田先生は私（校長）にそれを示しながら、

「私の中には、今まで、できない子どもは、できないものだと思っていた自分がいました。目にかけ声をかけ、励ましていくこと、そして、ほめたたえ喜んでやることで子どもは変わるんですね。『子どもで勝負』は厳しいことですが、自分にとってやっと納得できる世界になりました。いい授業がしたい、でも恥をかきたくないと相変わらず揺れ動く自分の心の中に、しだいにはっきりと『学級の子どもたちが真剣に取り組める授業がしたい』という願望が膨らんできています。

そして自分でも驚くほど、気負いもなく、授業を見られることにも抵抗感がなくなって、もっと学びたいという思いが高まってきています」

と笑顔で語るのでした。

武田先生の表情には、子どもと精一杯渡り合った満足感、充足感が溢れていました。私たち教師は理論で勝負したり言葉が先行したりしてはなりません。あくまで子どもの成長（変容）で勝負しなければなりません。子どもの姿の中に教師の仕事があるのです。

6　慈愛の中に優しさと厳しさを兼ね備える教師

「先生の学級でほんとうによかった。わがままな私をほんとうに鈴木先生は厳しくやさしくいつもいつも目と心を離さずに見守ってくださった。ほんとうにありがとうございました」

加藤さんは、卒業を前に、担任の鈴木先生に手紙をしたためたのでした。加藤さんは自分でも情けないほど偏屈で反抗的で自分で自分が制御できないほどの「悪」だと思っていました。自分ではどうにもならないほどのわがままさが、口から平気で飛び出してきてしまうのです。

そんな加藤さんを鈴木先生は決して見捨てませんでした。いつも興奮している加藤さんの傍らに立ち、「あなたの気持ちが収まるまで私はあなたを見守ります」と。

5年生から2年間、「私を加藤さんの担任にさせてください」と希望し、鈴木先生は加藤さんを見捨てなかったのです。

鈴木先生は、自分が小さい頃、虚弱な体を抱えていました。歩くことも走ることもままならぬ自分が辛うじてわがままに生きても、両親はそんな鈴木先生を他の姉妹と同じように育ててくれたのです。わがままで弱虫な自分を、父親はいろんな話を夕食時にしながら、「生きることのすばらしさ」につないで諭してくれたのです。

母は夫を支え、鈴木先生のために「普通の子」と同じように接してくれました。思えば鈴木先生が屈折した生き方をしなかったのは両親のおかげだったと思うばかりです。

そんな鈴木先生が教員採用試験で試験官に「あなたは何で教師をめざしたのですか」と問われたとき、

「私のような虚弱な体であったり、心が弱かったりして生きることのつらい子どもたちの味方になる教師になりたいのです。

誰もそれぞれの生き方の中で、重い荷物を背負いながら生きています。辛くて孤独で悲しい子どもたちのせめてよき理解者になるような教師になりたいのです」

と、ほんとうに自分の生きざまに重ねながら語ったのでした。

教師になってからの鈴木先生は、小学校に勤務しました。その小学校は外国籍の子どもたちも多い学校でした。遠い異国の地で生まれ、慣れない日本語での勉強。ただでさえ寂しく孤独な子どもたちを、鈴木先生は決して見放すことなく、一人ひとりに寄り添い学級生活を送っていったのです。

鈴木先生は、校内での研究授業を指名されることが多々ありました。そんなとき、自分の精進の機会を与えられたと素直な気持ちで受け入れました。そして、いつもいつも日々の授業の中でめざしている「誰も置いていかない、落ちこぼれをつくらない」ことを肝に銘じて授業研究に取り組んだのです。

研究授業は誰でもそんなに積極的に行うことを望みません。しかし鈴木先生は、「自分が驕った自分になったり、子どもの頃の私のような子を置き忘れていたりするような授業をしていないかを立ち止まって見直すよき機会だ」ととらえ、積極的に「やらせてもらいます」と謙虚に受け入れていたのでした。

鈴木先生の授業は決して非日常的な授業ではありませんでした。毎日行っている授業の延長に公開授業があったのです。

「すごいですねえ。全員参加の授業なんて」

「子どもたちの表情が明るくさわやかですねえ」

参観した教師たちは異口同音に感嘆の声を上げるのでした。

しかし、鈴木先生は、「果たして私はこの子たちの担任として許されるのだろうか」と自問する日も多々あったと言います。それは大勢の子どもたちを担任していると、どうしても気にしながらも支援をしきれないことへの焦りやいらだちが常にあるからです。言葉にできない悩みや苦しみに、自己を見捨てている子がいるのではないかと案じていました。

そんな鈴木先生も年数が経って、別の大規模校に異動になりました。そして受け持ったのが5年生の加藤さんがいる学級であったのです。

校内の先生方は「鈴木先生、あなたの担任している学年は学級崩壊寸前の学年です。厳しいですから大変だと思いますよ」「そんな学年をいきなり担任とは、運が悪いとしか言いようがないですねえ」と同情してくれる言葉もたくさん聴きました。

しかし、鈴木先生には前任校に比べれば、それはさほどの厳しさではないと思っていました。確かに加藤さんのような子がいたり、男子の中にも粗野な言動をして教室が荒れた状態になっていたり、女子の中にも加藤さんだけではなく、グループ化していて一筋縄ではいかない子どもたちもいました。

しかし、鈴木先生はあわてません。毎朝教室の黒板には、黒板日記を書き続けました。「きのうはありがとう。先生は、みんながあんなにも協力してやってくれるなんて思ってもみなかったのです。だから家に戻ってからもとてもうれしくてうれしくて、……みんなが協力してくれた磨きのかかった教室でこれから授業をすることができると思うととてもワクワクした気持ちになります。ほんとうにありがとうございました」

教室磨きをした翌日の黒板日記には、子どもたちへの感謝の言葉が並んでいました。

鈴木先生は、金子みすゞさんの詩がとても好きでした。いや好きというような表現は適当ではありません。金子みすゞさんの生きざまとともに、その詩の一つ一つが、弱きものに寄り添い、はかなき人生を語り、相手を想う気持ちを歌う「命のうた」そのものでもあると慕い続けてきたのでした。

鈴木先生は自分の人生を重ねるとともに，不遇な子どもたちへの想いを金子みすゞさんの詩に共感し，涙したのでした。

そんなみすゞさんの詩を，鈴木先生は道徳の授業を中心にして子どもたちと味わうことを学級経営の礎《いしずえ》にしたのでした。

初めの頃は横を向いていた加藤さんも，しだいに金子みすゞさんの詩に，自らの感想を語るようになっていきました。粗野な動きをしていた仲間たちが「弱きもの」を歌うみすゞさんの虜になっていったのでした。

教室には読み合い語り合った金子みすゞさんの詩が，そのときの子どもたちの学びの感想とともに掲示されていました。教室中に張りめぐされた詩は子どもたちの心をおだやかにしていき，誰彼ともなく「みすゞワールド」と呼ぶようになっていったのです。

抜群の授業力を持つ鈴木先生は，ふだんの授業の中でも，常に「全員参加」を子どもたちに呼びかけていました。「私はあなたがた一人ひとりを見捨てたくない，みんなみんな生きる力を磨いてほしい」と真剣な目で言葉を書ける鈴木イズムは，子どもたちを「生きることに素直にさせ，自分と共に生きる仲間に学ぶ」教室空間を演出していったのです。

7　授業の仕方を「見える化」する教師

山内先生は、教師を定年退職してかれこれ4年目を迎えますが、まだまだ現役です。一担任教師として、日々の教師の仕事をやりがいをもって実践しているのです。

今の山内先生の大きな関心は「若い教師が急激に増えてきたこと」で今まで先人が積み上げてきた授業法・学級経営法がなし崩しになってきていることでした。

いや若い教師に問題があるのではなく、教師の人事異動も含めて、「子どもを育てるための授業法・学級経営法」の知恵とワザが職場の中で共有化されなくなってきていることへの嘆きでした。

そんなこともあって、「一時間の授業の進め方（スタンダード）」を「見える化」して、新しく教師になった人たちに少しでも余裕をもって授業実践に取り組んでほしいと願うのでした。

さらに「見える化」するために、「朝のスピーチ」、国語の物語、説明文などの授業の仕方をできるだけ具体的に表記して、少しでも「学ぼう」と意欲と関心を燃やしている教師たちの力になりたいと念じているのでした。

ここでは、そのほんの一部、国語の物語文の授業の「やり方」を掲載することによって、山内先生の願いとすることが何であるかをお伝えしたいと思います。

全員参加の「主体的で対話的な深い学び」の知恵とワザ（一部）低学年用

（1）まず一番にすることは、安心して発言できるクラスづくりである。そのために心がけることは

ア　「まちがいはたからもの」ということを浸透させる
まちがった意見を言った子に「〇〇さんがその意見を言ってくれたのでみんながよく考えられたね（気づけたね）」とほめる。

イ　発言を忘れてしまっても挙手したことをほめる
発言を忘れてしまったら「ノートを見ます」「後で言います」と言えばいいことを教える。

ウ　発言の仕方を教える
・付け足し発言の仕方を奨励する。
・自分の意見が決められないときは、友だちの発言をよく聴いて、「なるほど」と思った意見に「付け足し」して話すことを指導する。（同じことを言っても笑わないことの徹底）
・上手に発言できた子をほめることで発言の仕方（話し方）を教える。上手な発言とは、

①　比べて発言

② 根拠を入れて発言
③ 自分の体験などを入れて実感的に話す
④ はきはきと聴こえる声で話せる
エ 「教室はまちがうところだ」(詩)の掲示を必ずする

(2) 授業の中で学級指導をする

ア ふざけて発言しないことを徹底する
イ 授業中あくびをしない(あくびが出ても口で押える)
ウ 友だちの名前を呼ぶときは「さん」をつける
エ 友だちの意見を笑わない、バカにしない
オ 友だちの意見は最後まで聴く(途中で発言しない)
カ 私語はしない(意見があったら挙手する)
キ 友だちの意見は温かく聴く(友だちを大事にする)
ク 挙手は無言でする

(3) 国語科(物語文)の授業で考えを持たせるためにすること(一部抜粋)

ア　場面ごとに課題に対して自分の思いと一致する短い言葉を選ばせる
・課題に対して自分の心に残った言葉に線や○をつける。（短く３つ）
・その中から一番心に残ったことの言葉を決める。
・その言葉は動いている言葉（様子や気持ちがわかる言葉）であることとし、名詞だけを選ばせず助詞や副詞をつけさせる。（例「大きなためいきを」「２回も」など。低学年は擬音語、擬態語、比喩につけてもよい）
・２回繰り返している言葉に注目させる。注目することも指導する。（例「深く深くもぐって」など）
・挿絵から思いを持つことを教える。
イ　ひとり読みの思いの持ち方を学ばせる
・思いを疑問で書かない。疑問があったら「きっと」「たぶん」を使って自分なりの考えを持たせる。
・正しい言葉の意味を知ったうえで、その言葉からのイメージを感じ取って気持ちや様子を思い浮かべさせる。
・思いの語り方（話型）を示す。
１　○○から思ったんだけどね、○○ってことは、××ってことでしょ、だからこれは△△

って思っていると思うよ。

２　○○から思ったんだけどね、わたしが○○って思うときは□□だから、この人もそうだと思うよ。

ウ　ノートに朱書き（対話）して返した子については、自分の考えを見直しすることも「がんばり」として評価する

エ　子どもたちの考えを座席表に落として、授業の展開の作戦を考える

オ　子どもたちのこだわっている言葉を短冊にして授業に臨む

◎　物語文では「心に残った言葉」であるが、説明文や社会科、理科などは「すごいところ」「すごいなあと思った言葉」見つけをすることを基本とする。

〈以下略〉

山内先生にも厳しい試練のような教師生活がありました。

40代の頃に、かなり荒れた小学校に勤務していました。ある年度では、その中でも学年崩壊している5年生の主任をすることになったのです。

それまでの山内先生の体験から言えば、かなり荒れた学年、学級でも立て直すことが普通にできていました。だから、その年も体当たりで学年経営、学級経営にあたりました。しかし、手ごたえ

がないのです。

もっとも残念だったことは、保護者の協力がなかなか得られなかったことに加えて、同じ学年を組んだ教師たちが若くて、荒れた子どもたちへの対応に苦慮していたことでした。

さすがの山内先生も心にとげの刺さった苦しみを味わいました。心を病むような日々が続きました。

「どうしたらいいのだろうか」

打つ手が裏目裏目に出ることで、事態は悪化の一途をたどっていったのです。そんな中で、山内先生は学びました。

「教育というのは、一人のがんばりではどうにもならないものだ」

「子どもたちを育てるためには、一生懸命さだけでは道は拓けない」

というごくごく当たり前のことに思い至ったのでした。


それからの山内先生は、新たな学校に転任してからも、前任校の教訓を生かしながら、研鑽しました。そして、学年あるいは全校の教師たちが、教育の方法に一体感を持って実践を積み上げてこそ、「子どもの育ちを支え伸ばしていくことになる」ことを確信したのでした。

そのためには、何よりも、子どもたちが授業に参加することにやりがいを持つ発言の仕方や聴き方のスタンダード化が必要だと思ったのです。

国語の物語文で言えば、読み取り方の基礎基本を「私たちの学校の学びのスタンダード」として「具体的に見える化」していくことこそが、大切なことであると思い至ったのでした。

学年が変わったり担任教師が代わったりして、そのたびに授業の仕方や学習規律が変わっていく教室や授業では、子どもたちは大きなストレスを受けることになります。「軸を失ったコマ」のようにどうにもならなくなり、学びへの意欲や学び方を身につけないままに、投げ出されてしまうと山内先生は強く思ったのでした。

「とにかく朝の会での友だちの話の聴き方や、話の仕方などの学習規律の見える化」

「休み時間と授業時間とのけじめある学習規律の見える化」

などなど、一つ一つ具体的にやっていることを書き出していきました。

授業も同じように、導入の仕方（課題提示の仕方）、本時の学びの軸にすること、本時の山場とも言える「がんばりどころ」のやり方、授業の着陸とも言える終盤の収め方などを一つ一つ「見える化」していったのでした。

それは、「学級経営の画一化」「授業実践（導入・展開・終末）の画一化」というような固定化したものに留まるのではありません。

常に改善を求めながらも、「見える化」することによって、誰でもやる気さえあれば、取り組むことが可能であり、それなりの成果につながることをめざしたものであったのです。

そんな実践検証の日々を過ごす山内先生には、定年退職して自分の教師人生を終えることに、惜別の思いを持っていました。それを丁寧に受け止めてくれたのが、当時の校長先生であったのです。

校長先生は言いました。

「山内先生がやりたいと言うから、定年延長をするのではない。この学校の学年経営、学級経営、授業経営になくてはならない人であるからこそ、こちらからお願いしてこの学校の経営に参画してほしいのです」と。

今も山内先生は、日々の授業実践や学級経営の足跡をきめ細かく記録しながら、がんばっています。しかし、それは決して深刻ながんばりではなく、「明るいやりがいのある仕事」として、励んでいるのです。

Ⅵ　授業実践に参加する管理職になる

今や校長と言えども校長室で呑気にお茶を飲んでいる場合ではありません。管理職にとっても、「現場は教室」なんです。子どもたちが何をしているか、教師が何に悩み苦労をしているか、に心配りをする管理職にならなくては失格と言えましょう。

いや担任教師や保護者を巻き込んで、校長自ら授業実践や学級経営にかかわる姿勢を持つことがきわめて重要なことになってきています。それは決して出しゃばりな管理職ではありません。教職員と苦楽を共にしてこその学校経営なんです。

1　「授業」から隠居しないリーダーに

「学校現場で授業は命だ」「授業実践の力量アップこそ、教師の使命だ」このような言葉をごくごく当たり前のこととして、管理職は口にします。

私の言っている管理職はいわゆる法的な校長職、教頭職だけではなく、愛知県下の学校では担任を持たないでいる教務主任、校務主任を含めての「四役」を指します。

問題はこのようなことを口にする校長はじめ四役が、いったいほんとうに授業を大事にしているかということです。私はたぶんに疑っています。

もう少し具体的に言うと「授業が大切」と言うだけでは、「実質的に四役が授業を大事にしたことにはならない」と私は思うのです。四役が実践を大事にすると言うなら、実際に授業に関与する姿となって現れなければならないと思うからです。

かけ声としての「授業は大切だ！」は、ほんとうの意味で授業を大切にしているのではなくて、一般教師に押し付けたに過ぎないのです。「あなた（一般教師）授業をやる人、私（四役）やらせる人」になっている構図があるのです。

これでは教師たちは動きません。かけ声論には、とくに校長、教頭が授業から隠居している姿が浮かんでくるからです。

「学校は零細企業である」このことは、私は機会あるごとに言ってきました。ファミリーとしての感覚です。校長も教頭も一緒になって学校経営で「苦楽を共にしない限り」学校は元気にならないし、活性化していきません。その中心が授業なんですね。口先だけで、自らは逃げている管理職の先生方はいないでしょうか。私はそのことがとても気になるのです。

担任を外れる年齢になったり、立場になったりしますと、授業することが遠くなります。「雑用」に追いまくられて授業は担任教師らにお任せになります。今教室で何がどう展開されているか、見届けないままに学校は動いていきます。体罰や事件事故、教職員の不祥事が起きるたびにあわてふためいてもすでに遅いのです。

要するに、学級経営や授業実践が、どのように行われているかを察知しないままに過ぎてきたのではないでしょうか。

小学校1年生の子どもたちが「がっこうたんけん」をして、校長室を訪れます。「こうちょうせんせい、せんせいはここでどんなおしごとをしているのですか？」と聴かれたときに、なんと答えるのでしょうか。

私は改めて「授業や学級経営、学年経営から隠居する校長になってはならない！」と、語気を強めて言いたいのです。

2 「授業実践」に参加するはじめの一歩

校長、教頭職になって、教育書に目が行くでしょうか。もっと言えば、授業実践に関する本や学級経営、生徒指導などの本にどれほど関心をもって読む機会を持っているでしょうか。校長や教頭は授業や学級経営に直接タッチしないから、そういう類いの本はもう卒業したという人がいたら、残念です。

「若い人に勉強してもらいたい。私はもういいよ」と言うのは、「学級経営をする現場、授業する現場」を放棄していると言っても過言ではありません。そこにかかわらないで、どうして「学校経営」を語ることができるでしょうか。

私は馬鹿一徹に授業実践する現場にかかわってきました。それは自慢でもなんでもありません。当たり前のことを当たり前にしてきただけです。

もっとも教頭職になったときに「これからみなさんと一緒に授業にかかわらせてください」と朝の会で教師たちにお願いしたら、みんな怪訝な顔で黙っていました。

私が「教室を訪問すること」を始めてしばらくしたら、ある中年の女性教師が私のところに来て、「教頭先生、先生が教室に入って来られると緊張して授業がやれなくなりますのでやめてください」と厳しい顔で言いました。私はその申し出に「何を言うのか！」と腹立たしく思いましたが、しばらく考えて「私の参観する顔つきがいけないのか」と反省したことでした。

そんなわけで、「すまん、すまん、これからはお許しを得てから参観させてもらうからね」と了承してもらったことです。

授業参観を始めた頃の笑えぬ出来事でしたが、私は謙虚に反省して、それからは許可を得て訪れる教室もありました。しかし、大方の教師たちは、私が穏やかな顔つきで意識して教室に入ると笑顔で迎えてくれました。

ことわっておきますが、私は「校内巡視」をしたわけではありません。一つの教室を訪問したら、「先生いいですか？　みなさんおはようございます」と言って静かに空いている椅子に座って子どもと一緒に授業を参観したのです。

参観後、私に感想を求めてくる教師もいましたが、私はできるだけ『いいところ見つけ』をして話したことでした。そんなこともあって、校長を含めて四役が普通に教室訪問する学校になっていったのです。中にはわざわざ「校長先生、今国語で『自然のかくし絵』をやっているのですが、一緒にやってもらえないですか」といったように、積極的に招いてくれる先生方も次第に増えてきました。


その頃ある学校を訪問したとき（講師として招かれたのですね）、授業者である教師が授業中生徒の名前を呼び捨てで呼んでいました。その学校の校長先生は、あとの協議会の挨拶の中で、「生徒の名前を呼び捨てにしないことは、あなたもわかっていたはずです。２学期の今になってもまだ改善されていないことは、人権教育を標榜する本校の経営精神に反します！」と声を荒げて言われました。

私はその場にいて、その話を聴いていて苦笑しました。反省すべきは校長先生ではないかと。それは、経営方針が浸透しているか、２学期の今まで見届けないで放置しておいたということです。校長曰く「きょう初めて彼の授業を見た。残念だ！」と。私はそのとき、残念なのは、それまで一回も教室訪問をしていない校長先生こそ、自らの非を問うべきだと思いました。

3　授業に立ち向かう学校づくり

授業は、教育界の中でも担任教師にお任せになっている「治外法権」の世界であるかのごとく扱われていることが多いようです。しかし、最近は「学級崩壊」「授業崩壊」という事態もあちこちの学校で起きたり、保護者の目もかなり厳しくなってきていたりします。問題はその厳しさが当人はもとより、管理職などの危機意識としてあるかどうかです。

もっとも校長や教頭が授業や学級経営が正常に行われているかどうかを「点検」するような姿勢で「教室訪問」をするとしたら、まずはその経営感覚を疑います。それでは授業者である教師との間に険悪な人間関係を生じさせるだけです。

そうではなくて、授業者の苦心やよさを探すために教室訪問をすべきなのです。前にも書いたように私にもその点での苦い経験がありました。教室訪問されただけで教師は緊張の中にいるのですから。「悪い点は目をつぶっていても見えるが、よい点は意識して探さないと見えない」という言葉があります。

ある学校のK校長先生は、「私は授業を見ることが好きだから」と教職員に公言して、いつも時間を見つけては教室訪問をされています。授業参観することは、好き嫌いの問題ではないと思いますが、K校長先生の穏やかな目線は、いつも「ニコニコ」なんですね。立ち尽くして見るのではなく、生徒の間にひざまずいて、生徒の目線になって「ニコニコ」です。校長先生の中には、「教室巡視」と言って2~3分だけ、もっと言えば廊下を歩くだけで、そそくさとしたやり方をされている方もいます。

K校長先生は教室訪問をしたからと言って、その授業者を呼んで話をすることはされませんでした。しかし、多くの教師は「感想をお聴かせください」と言って校長室に行くのが常になりました。K校長先生は、そんなとき必ず授業者の労をねぎらって温かく対応されるのでした。それは格別宣言されたわけではないのですが、「授業を核にした学校づくり」を教師たちに自然体で教えている校長先生の姿でもあったのです。

「私も校長職になったら、あのような営為のできる人間になりたい」それは憧れとして私の中にドッカと意識づけられたのでした。

4　田中校長先生の学校経営の核は「授業実践」だ！

私とかつて一緒に勤務した田中先生がある年の4月に校長職になりました。彼は私が校長職にいた頃研究主任をしていました。校長になってから、彼は月一くらいで私の家に遊びにきます。夜更けまで雑談することもざらです。その話題の中心は、やはり赴任した小学校の授業を参観したとき、「落胆した」ことでした。

「若い教師が多いのですが、みんな部活動などには汗を流すのですが、こと授業には……。およそ授業のことが職員室で話題になっていません」「教え込みもいいところで、子どもたちがわかろうがわかるまいが、お構いなしに進んでいく授業だった」と言います。

実際9月に私も彼に招かれて訪問したときは、彼の落胆ぶりを象徴するような授業光景でした。

それが忘れもしません。翌年の2月に再度田中校長先生の学校を訪問したときのことです。そのときの教師たちの授業は一変していたのです！　これが9月に見た学校の教師だったかと言うほどの変身ぶりの授業光景だったのでした。

それらの授業の一つ一つについてコメントできないのが残念ですが、子どもたちに活気があって、授業に子どもたちが目を輝かせて参加しているのです。「活気」の中身は、発言する姿であり、聴き合う姿、活動する姿です。ひとり学びで集中してやっている子どもの姿に私は深く感動したのでした。

「田中先生すごいじゃないですか！　よくもまあここまで様変わりしたものですねえ。９月からわずか半年も経っていないのに……」

そんな私の言葉に田中校長先生は照れ笑いを浮かべながら、

「まあ私も割り切ったと言おうか、とにかく誰がなんと言おうとオレは授業で勝負だ！　と思ったのですね。だから教室にも積極的に入っていって、とにかく授業者である教師たちと苦楽を共にしようと決断しました。

はじめは怪訝な教師たちも、子どもが変わっていく姿を目の当たりにして夢中になって取り組むようになりました。授業後の夕刻はその日の参観した授業のことで話が盛り上がりました。

たとえば、子どもが発言した後、『はい、ほかに』とは言わない、子どもの発言を絶対に繰り返さないなどと話しました。『なるほど、そうか、すごいなあ、それでみんなどう？』と受け止めてやる。そうすると次の授業参観のときに健気にも教師たちは取り組んでいるのです。

教師たちは、子どもがそれだけのことで大きく変わることに心底驚きました。いや歓びと言った方がいいかもしれませんね。それが契機になって、授業実践の輪が教師たちの間に広がっていったんです。私はそんなにあわてていなかったし、ただ見てはお互いに感想を言い合って過ごしたのですが、教師たちは学ぶことに飢えているかのごとく、吸収していきました」

田中校長先生の顔は上気していました。彼の一途さ、彼の本気さ、それを見事に受け入れていった教師集団。私はこれぞ「授業実践を核にした学校経営だ！」と強く思ったことでした。


その日5時間目に授業をした30代の中田先生は、「私は今まで我流で授業をしてきました。こんなに田中校長先生のように授業を話題にして話し合ったのは初めてです。それも校長先生自らが授業をやって見せてくれたり……。そうすると子どもの顔つきが変わるのですね。驚きました。『これは学ばなければ損だ！』と強く思いました。そして、『もっといい授業がしたい』と思うようになりました」と笑顔いっぱいの元気さで話してくれるのでした。

別の教師は「この頃は校長先生にむしろ見てもらいたい、一緒に授業をしてほしいと思うようになってきましたね。校長先生も四役の先生方も仕事があるのに、教室まで足を運んでくれて……」「今は校長室をどんどんノックするようになっています」と言いました。

「校長が変われば教師も変わる」という言葉があります。

そんなことを強く感じさせてもらった田中校長先生の学校への訪問でした。

5　職員室だより「あじさい」の発行にかける私

私が初めて教頭職として赴任した学校で一番変化したことは、教師たちが毎週綴る「週案簿」でした。その週の指導計画と反省欄がある週案簿の綴りが、様変わりしていったのです。

初めてこの学校に赴任して、その週案簿を見たとき、実践の反省欄がとても貧弱であることに驚きました。二、三の教師を除いて、ほとんど空欄か、書いてあっても二、三行でありきたりのことが綴ってありました。それは検閲を受けるために仕方なくお義理に書いたとしか思えないようなほどの中身でした。

「今週もあわただしかった。もう少し落ち着いて授業ができるようにしたい」

「忘れ物が多いので、気を付けたい。ガラスが割れたのも生活に乱れがあったように思える。がんばってやっていきたい」

などなど、大雑把な記録が綴ってありました。

私は教務主任が点検した後、その日は全員の週案簿を風呂敷に包み、家に持ち帰りました。そして、教師たちの週案簿の空いているところに、その教師に語りかけるように朱筆を入れました。

「最近、先生の学級の前を通りかかるとついつい入りたくなります。それは子どもたちが集中している姿を見るからです。とてもうれしくありがたく思っています」

「先生の教室の前面に『教室はまちがえるところだ』の詩が張ってありますね。私も大好きな詩です。そのせいか子どもたちが、明るく元気にがんばっているではありませんか！　うれしいです」

私としては個人的にお話ししたいことも山ほどあるうちの一部を、それもできるだけ「うれしかったこと」「感謝したいこと」を中心にして手紙のように綴ったのでした。

週案簿が返されると、私の朱筆を教師たちが真っ先に読んでいる光景を見ることができるようになっていきました。週案簿は、私と教師たちとの交換日記のようになっていったのでした。

週案簿に朱筆を入れながら、私は「みんなの綴った実践記録もだんだん充実してきている。これをみんなにも読んでもらって、互いに学び合う体制をつくりたい」と思うようになりました。それが、職員室だより『あじさい』の発行となっていったのです。

私はその第一号に発行の趣旨を書きました。

「あじさいの一つの花は、ほんとうはとても小さい。それが寄り集まって大きな花となる。よく見ると一つひとつの小さな花は微妙に異なる色をしている。それでいて全体としてなんとも言われぬ美しい花となっている。この学校の教師集団もそんな『あじさい』の花のようであってほしいと思う。一人ひとりの教師が特性を発揮しながら、それでいて、全体として美しさと活力のある教師集団でありたい。そんな願いを込めて……」

「学び合いの教師集団になりたい。そうなることが学校の信頼を高めていくことだ。そうなるには、『学びの共有化』を図ることだ。そうすれば、独りの力ではできないことができるようになっていくかもしれない」と思ったのです。

職員室だより『あじさい』の発行に際して、決して押しつけがましい私の要求にならないこと、指導性を強く打ち出したものにならないことに配慮し、戒めました。あくまで学び合い、学ばせてもらった私のおすそ分けを書き綴ることにしたのです。

あるとき、特別支援学級の吉田先生が公開授業をしました。吉田先生はその公開授業のことを丹念に週案簿に書いてきました。私はその吉田先生の書いた記録を『あじさい』に綴った後、私のコメントを次のように記しました。

「漢方薬のような先生」

吉田先生がこの学校に来られて3年目になります。初めの1年目の1学期はほんとうのところ端から見ていても気の毒なほど、子どもたちが吉田先生に馴染まなくて、ほんとうに苦労の連続でしたね。吉田先生の言うことを聴かないと言ったらいいのか、大変な状態でした。ところがそんな状態でありながら、子どもの前でヒステリックになっている吉田先生を見たことがありませんでした。子どもへの日常的な対し方は温厚そのもの。あまりに子どもたちが吉田先生の言うことが聴けないので「先生、心底怒ってやりなさいよ」などと私。

しかし、それはあまりに子どもを知らない私の戯言であったのです。吉田先生の子どもへの対し方は西洋医学のような即効性はありませんでしたが、漢方薬のように、クラスの体質を内側からじわじわと変えていったように思います。

子どもが次第に落ち着きを見せ始め、子どもたちの表情が穏やかで素直になっていきました。子どもを愛情で包み込むような優しさが吉田先生にはあるのです。「そそう」をした子どもの下着を洗う吉田先生は、教師として当然のことをしていると言わんばかりに当たり前のこととして……。私はそんな生きざまに学べた授業だったなと思うばかりです。

『あじさい』は、互いの学び合いを確かめ合う場になっていったのでした。その後校長として異動した学校でも引き続き飽きもせず継続した「私の仕事」になっていったのでした。

6 「授業参観」から「授業参加」する職場になる

私が校長職として3つ目の学校に赴任したときのことです。私は相変わらず校長室にいることができず、ふらふらと教室へ授業参観に行きました。この学校は学年4クラスもある比較的大規模校の部類に入る小学校でした。

私が教室を覗くと、「見られることに慣れていない」のか、教師たちは一様に驚きました。私が突然訪問したのですから無理もありません。

「ごめんなさいね。みんな元気でがんばってね」と言葉をかけて教室を後にしました。

そんな中で少し異質な教師がいました。彼は私が突然参観したことを許せないこととして、「たとえ校長先生でも突然授業に入ってきて、あれこれ見ているのは担任の教育権の侵害です！」と訴えてきました。

私はその教師がどんな考え方の持ち主かはある程度理解していましたが、とりあえず「それは悪かったなあ。ごめんなさいね」「でもねえ、あなたの学級で何某かの不祥事が起きたとき、そのときにマスコミが取材に来たり教育委員会が来たりして、対応の中心になったりマスコミに報道されたときに名前が出るのは、あなたか私かどちらなんでしょうか」と言いました。

彼は困ったように「それは校長先生です」と言ったのです。

「そうでしょうねえ。だから、あなたの学級のことに、私にも応分の責任があるのですね。だからあなたが言うように担任の教育権の侵害ではなくて、あなたと私を含めての共同体であるのですよね」と話したことでした。

彼は、その私の発言に不承不承納得したのでした。

「校長先生、でも突然来るのはやめてほしいのですが……、ダメですか」と。

「それは悪かった。これからはあなたに了解を得て、行くことにしたいなと思います」と返事をしたことでした。

そんなトピックもありましたが、やがて、多くの教師たちは、私が教室へ入っていくことに抵抗感を持たなくなり、参観していてもふつうに授業を続けるようになっていったのです。

そんな中で、1年生を担任している中年の男性教師から、「校長先生が授業では卓越した力量を持ってみえるとうかがっています。無理なお願いですが私の1年生の学級で授業をやって見せてくださらんでしょうか」と思わぬ依頼がありました。

夏の暑い日でしたが、「私がいきなり入っていって、あなたの学級の子どもの様子もあまり知らないのにやってもいいのでしょうか」と言うと、「ぜひお願いします」ということになって、飛び込みで3日間、計3時間の授業を国語で行いました。

汗びっしょりでそれはそれは悪戦苦闘の授業でしたが、その担任教師は心底感動したと言って、「私も先生に学んで少しでも授業ができるようになりたいので、ほんとうにありがとうございました」と言ったのでした。

それよりもかなり前の、まだその学校に赴任したての頃、4年生の学年主任と校長室で雑談をしていました。彼は温厚な40代後半の教師でした。その彼が開口一番言ったのは、「校長先生には失礼ながら、まだよく知らされていないと思いますが、今までは、この学校の四役と私たち一般教師の間には大河が流れていたのです。溝ではありません。大河です。それくらい不信感が募っているのです。だから校長先生も大変だと思いますが、よろしくお願いします」と話したのです。

私は噂には聴いていたけれど、やっぱりそうかと少しばかりため息をついたことでした。

とにかく、大河をせめて溝くらいにはしなくてはならないと思いました。「これはおもしろい学校に来たものだ」と、私の悪趣味に火がついたのでした。

教師たちの中には、「校長室で校長先生と雑談すると言っても何をするのですか？　怖いなあ」という女性教師もいましたが、「まあ気軽にお茶でも」と誘ったりして雑談にふけったりしたのです。教師たちは、私が安直に雑談を仕掛けていくのですから、やがて気軽に校長室にも入るようになっていきました。とくに若い教師とは、校長室で教材研究の勉強会を行うこともしました。

1年生の教室で私が悪戦苦闘の授業を3時間したことは、すぐに広がり、「私の学級でもやってくださいませんか」と催促とも思える要望が出てきました。

「私でよかったらうまくはいかないけれど、やらせてもらいます」と承諾したこともあって、私自身が校内の教師たちの授業を参観することにも抵抗感がなくなっていきました。

2年目になった初めの職員会議で、私は「今年度はみなさんの授業を100時間くらい参観したいなあと思いますのでよろしくお願いします」と宣言したことでした。

教師たちは苦笑しながらも、中には、「私の授業のやり方について、指導してください」とか、

「国語の『ビーバーの大工事』で授業をしたいのですが、校長先生教えてくださいませんか」と積極的に動く教師も出てきて、いつの間にか「授業参観」は、校長の「授業参加」になっていったのでした。

教師の中には社会科の歴史の授業をしていて、途中で子どもの発言に戸惑い「校長先生、どう思われますか？」と、急に参観している私にふることもありました。

私はこの学校に5年間校長として勤務しましたが、最後の年度は１４２時間の授業参観・授業参加を行ったことでした。いや私だけではなく教頭先生も教務主任も引っ張り出されて、にぎやかに授業談義に花が咲く学校になっていったのでした。

もちろんその5年の間には、苦渋の選択をしなくてはならないことや、思わぬ事故や事件もありましたが、教師たちの結束が固く大きくなり、悪戦苦闘しながらも実に有意義な学校経営を味わわせてもらったのでした。

付け足しですが、この学校での授業参観・授業参加には、他校から訪れる校長先生や一般の先生方もいました。また保護者の中にも「お邪魔していいでしょうか」と訪れる方もいました。

私は最終校になって、いろいろあったけれど、なんだか実に思い出深い教師冥利に尽きる学校経営に近づいたかなと、うれしくありがたく思ったことでした。懐かしい思い出とともに、今も私の心の大きな支えになっています。

エピローグ

初心にもどる我が身であれ ―教師の慢心が子どもを置き去りにする―

私も教職を退職してから19年目になります。思えば38年間の教職生活は昭和40年から始まりました。東京オリンピックの翌年であり、まさに高度経済成長に重なる時期にスタートした教師人生であったと言えます。

新任で赴任した学校は中学校でした。それから小学校教諭、市教委指導主事、教頭職、最後に校長職を13年間務めました。合わせて38年間の教職生活を送ってきたことになります。

退職してからは大学で非常勤講師として勤める傍ら、各地の学校からの要請に応じて年間100回程度の学校行脚を行う日々でした。多い年は150回ほどの学校訪問で授業実践にかかわり、若い教師からベテラン教師まで苦楽を共にし、それを生きがいにして歩いてきた後半の道のりでした。

その中で、私が常に求めていたのは、「普段着の授業をちょっとがんばることによって、子どもの参加度の高い、歯を食いしばってがんばる授業実践」の実現でした。「教育実践の非日常化」のような研究授業ではなく、「ちょっと無理してがんばればできる授業実践」をめざしての日々であ

った と思います。

もちろんそれはいい加減な授業実践ということではなく、「話し合い・聴き合いながら仲間の中で育つ授業」「歯を食いしばってがんばる授業」「子どもの参加があってこその授業」です。慢心する教師を戒め、誠実な授業実践に心を配る教師の成長を歓びとして、歩いてきた日々であったと思います。

いや、なにより私自身の固くなった授業観、教師観を解きほぐし、新たな視点で授業をすることの大切さをどれほど学んだことでしょうか。不易と流行があるならば、私の視座は不易の面に光を当て続けることにこだわったのでした。

「教師の慢心が子どもを置き去りにする」これは私の弱さへのクサビでもあります。目の前の若き力をどう伸ばしていくかを自問自答した時間であったと思うばかりです。

ここに改めて本書を上梓して、みなさんと歩んできた道をたどってみました。どうぞお元気でご活躍ください。

令和3年　コロナ禍でつらい日々を送る中で記す　前田勝洋

著者紹介

前田勝洋

昭和 17 年生まれ。愛知学芸大学卒業。

小中学校で担任時代を過ごす。その間，愛知教育大学附属岡崎小学校で「生活教育」（子ども主体の授業実践）を学ぶ。13 年間の校長職を終えて退職（平成 15 年）。退職してからは求められて，小中学校現場を「学校行脚」して教師たちと苦楽を共にしている。

主な著書　『子どもと教師が育つ教室』『校長になられたあなたへの手紙』『「教師」　新たな自分との出会い』『校長を演じる　校長に徹する』『ほっとでホットな学校づくり奮闘の記』『校長の決断』（以上，学事出版），『授業する力をきたえる』『学級づくりの力をきたえる』『教師の実践する力をきたえる』『教師のリーダーシップ力をきたえる』『教育に「希望」をつむぐ教師たち』『カンタンでグッとくる「見つけ学習」のすごさ』『みんなで，授業というバスに乗ろう！』『教師であるあなたにおくることば』『授業力をきわめる知恵とワザ』『「聴く力」をみがきキャッチングに卓越した教師になる』『ホットでほっとな学級びらき・授業びらき』（以上，黎明書房）

教師力《きょうしりょく》を磨《みが》く

2021 年 11 月 20 日　初版発行

著　者　前《まえ》　田《だ》　勝《かつ》　洋《ひろ》
発行者　武　馬　久仁裕
印　刷　株式会社　太洋社
製　本　株式会社　太洋社

発　行　所　株式会社　黎《れい》　明《めい》　書《しょ》　房《ぼう》

〒460-0002　名古屋市中区丸の内 3-6-27　EBS ビル　☎ 052-962-3045
FAX 052-951-9065　振替・00880-1-59001
〒101-0047　東京連絡所・千代田区内神田 1-4-9　松苗ビル 4 階
☎ 03-3268-3470

落丁本・乱丁本はお取替します。　ISBN978-4-654-02361-5